DER VOGELHÄNDLER
VON
KABUL

FRIEDRICH ORTER

DER VOGELHÄNDLER VON KABUL

SALZBURG – MÜNCHEN

1. Auflage
© 2017 Ecowin Verlag bei Benevento Publishing,
eine Marke der Red Bull Media House GmbH, Wals bei Salzburg

Medieninhaber, Verleger und Herausgeber:
Red Bull Media House GmbH
Oberst-Lepperdinger-Straße 11–15
5071 Wals bei Salzburg, Österreich

Illustrationen: Claudia Meitert
Lektorat: André Pleintinger
Satz: MEDIA DESIGN: RIZNER.AT
Gesetzt aus der Palatino, Mrs Eaves, Bureau Eagle

Printed in Slovakia

ISBN 978-3-7110-0147-4

Den Freunden in Kabul

Inhalt

Wiedehopf – *Upupa epops*

Auf der Suche
nach der Vogelstraße

Flughafen Kabul, 6.40 Uhr. Ankunft mit einer Maschine der Turkish Airlines aus Istanbul. Wir hatten Glück. Drei Tage später, am 28. Juni 2016, werden drei Selbstmordattentäter den Flughafen Istanbul-Atatürk überfallen. Die türkische Regierung macht die Terrororganisation Islamischer Staat verantwortlich.

Landung auf einem staubigen Rollfeld, umgeben vom felsigen Braun der umliegenden Berge. Am Eingang zur Ankunftshalle grüßt ein Präsidentenporträt. Zehn Jahre lang winkte Hamid Karzai, jetzt lächelt verhalten Aschraf Ghani.

Die Pass- und Zollkontrolle war schon einmal stressiger. Kein mitgebrachtes Foto ist für das Einreiseformular mehr nötig, die elektronische Gesichtskontrolle erspart bürokratische Hürden. Der Fortschritt hat Einzug gehalten am Flughafen Kabul. Verboten ist nach wie vor die Einfuhr jeder alkoholhaltigen Flüssigkeit. Das Gepäck schleppt der aus dem Westen Ankommende zu einem speziellen Parkplatz für Ausländer. Afghanen werden mit einem Bus zu einem anderen Terminalgebäude gefahren. Der vom Hotel angeforderte Chauffeur wartet tatsächlich und bringt mich in einem klimatisierten Geländewagen mit dicken getönten Scheiben und Panzerplatten auf der Fahrzeugunterseite in meine Bleibe.

Das *Serena*, eine für Ausländer reservierte Luxusfestung, hält diesmal für mich Zimmer 258 mit stereotypen Begrüßungsfloskeln bereit: *»We hope you will have a truly memorable experience and that we exceed your expectations.«*

Die Erwartungen sind absehbar. Um nicht aufzufallen, wähle ich ein Auto, das die Hälfte aller Kabulis fährt, einen Toyota Corolla mit Fahrer, um auf den Vogelmarkt zu kommen. *Travel in low profile,* nennen das Kabul-geeichte Ausländer.

Hamed ist mein Fahrer, ein Glücksfall, denn nicht jeder Taxifahrer ist ein Taxifahrer.

»Zur Taliban-Zeit gab es keine Autos, keine Taxis auf unseren Straßen«, erzählt Hamed und hält den täglichen Dauerstau zwischen 6 und 20 Uhr offenbar für einen Fortschritt. Sein um 4 000 US-Dollar erstandenes Gebrauchtwagen-Modell ist bereits 200 000 Kilometer weit gerollt, wurde wie die meisten anderen PKWs in Japan eingeschifft und über Dubai nach Afghanistan transportiert.

»Zur Zeit der sowjetischen Besatzung fuhren hier nur Wolgas und Tatras«, erinnert sich der ergraute 60-Jährige und schiebt seine abgegriffene Pakol-Mütze zurecht.

»Barq darem?«, frage ich Hamed mit einem meiner wenigen Wörter, die ich mir auf Dari gemerkt habe – gibt es Strom? *»Barq nes«,* antwortet er, – gibt es nicht. Wieder war es den Taliban gelungen, einen wichtigen Strommast zu sprengen, der Elektrizität aus Usbekistan nach Kabul leitet.

An der Weiterfahrt zur Vogelstraße hindern uns Sicherheitskräfte. Es herrscht an diesem Tag Ausnahmezustand in Kabul. Angehörige der lange Zeit unterdrückten schiitischen Minderheit der Hazara demonstrieren gegen die Entscheidung der Regierung, eine geplante Hochspannungsleitung nicht durch die von ihnen bewohnte Region Bamiyan im Zentrum Afghanistans zu führen. Die Hazara fühlen sich einmal mehr diskriminiert.

Bei meinem ersten Kabul-Aufenthalt nach dem Einmarsch der NATO-Truppen 2001 erklärte mir ein Mitarbeiter des Energieministeriums, dass nur sechs Prozent der Afghanen zeitweise Strom hätten.

Hamed klagt, wie andere Kabulis auch, dass ausländische Hilfe nur wenig zum Besseren verändert hätte, obwohl auch der Fremde merkt, dass neue Stadtviertel hochgezogen, Straßen repariert und Shoppingmalls aus dem Boden gestampft wurden, neben rosa- und blau getünchten Villen, mit denen die Eigentümer hinter Schutzmauern protzen.

»*Das sind die Häuser der Opiumhändler und Warlords*«, meint Hamed.

»*Kennen Sie die Namen der Eigentümer?*«

»*Die kann ich nicht nennen. Reich werden durch den Opiumhandel nicht die Mohnbauern. Reich werden die Schmuggler, die Kriegsherren, Regierungsbeamte. Das wissen wir hier alle. Aber ändern können wir es nicht.*«

Kabul, das ist auch die Stadt der wohlhabenden Geschäftsleute, der Schmuggler und Schwarzhändler, die inmitten der Ruinen reich geworden sind, aber zugleich die Stadt der Fahrradfahrer, der Pferdefuhrwerke, der Schubkarren, beladen mit Früchten, Gemüse oder alten Kleidern, die alte Männer durch staubige Straßen ziehen. Die Stadt der Geldwechsler und beinlosen Kriegskrüppel, der Bettlerinnen in schmutzig-blauen Burkas, der Kinder, die Kannen mit dem Rauch von stinkendem verbranntem Gummiharz schwenken, um vermeintlich Böses abzuwehren.

Die meisten Straßen sind aber noch immer in einem erbärmlichen Zustand, mit Schlaglöchern und Haufen von Schutt und Müll. In diesem Chaos mühen sich Kabuls Polizisten trillerpfeifend meist vergeblich ab, Ordnung zu schaffen.

»Die Briten waren hier, die Russen waren hier, die Amerikaner sind immer noch hier«, sinniert Hamed, *»und wir Afghanen bekämpfen uns wie die Hähne in der Vogelstraße.«*

Und während ich ihm zuhöre, fallen mir ein paar Verse aus dem wohl berühmtesten Gedicht über Kabul ein, das Saib-e-Tabrizi schrieb. Jede Straße Kabuls sei ein Fest fürs Auge, schwärmt der Dichter des 17. Jahrhunderts. Wie sie da läge, Kabul, die Schöne, umringt von kargen Bergen, wie unvergleichlich der Mond in vielfacher Gestalt ihre Dächer geheimnisvoll erhelle, wie die Sonnenstrahlen ihre Mauern überwinde, wie malerisch die ägyptischen Karawanen anzusehen seien, so der Dichter weiter in romantischer Schwärmerei.

Mich führten viele Wege nach Kabul. Einer der abenteuerlichsten im Herbst 2001 über den Hindukusch, die besagten kargen Berge, in den letzten Wochen der Taliban-Herrschaft. In kaputten Autos, hilflos dollargierigen Fahrern ausgeliefert, über Geröllhalden, die vermeintliche Straßen waren, durch reißende Flüsse, über einsturzgefährdete hölzerne Behelfsbrücken.

Nach dem Sturz der Taliban wurden mit westlicher Hilfe feste Straßen, Brücken, Stromleitungen, Kraftwerke und Schulen gebaut. Für ein Drittel der 35 Millionen Afghanen gibt es heute Elektrizität. Lesen und schreiben können mehr als 40 Prozent der über Fünfzehnjährigen. Trotz internationaler Ausgaben von mehr als einer Dreiviertel Billion Dollar, das sind statistisch 1500 Dollar pro Afghane, und damit drei Mal so viel wie das Pro-Kopf-Bruttoinlandsprodukt des Landes, ist die Lage im Land nicht befriedet und stabil, kämpfen afghanische Sicherheitskräfte mit enormen Herausforderungen. In dem nach dem Vietnamkrieg längsten Militäreinsatz, den die Amerikaner bisher führten, nach 2400 gefallenen und 20000 verwundeten amerikanischen Soldaten kontrollieren die Taliban nach US-Angaben wieder 40 Prozent des Territoriums und somit ein Drittel der Bevölkerung. Im Süden des Landes werden weiterhin 70 Prozent des weltweit gehandelten Opiums und Heroins produziert.

George W. Bushs »Krieg gegen den Terror«, die US-Invasion Afghanistans 2001 und Iraks 2003, die gescheiterte Politik des *Regime Change und Nation Building*, gefordert und provoziert durch den islamistischen Expansionismus und Terror, stürzte die US-Außenpolitik in ein selbst mitverschuldetes Dilemma. Den sechs muslimischen Ländern Irak, Syrien, Jemen, Libyen, Somalia und Afghanistan droht der Zusammenbruch.

Afghanistans strategische Landschaft verändert sich, da regionale Mächte mit den Taliban Verbindungen schmieden. 16 Jahre nach der US-geführten Intervention wird der Einfluss ausländischer Player wieder stärker, das *Great Game* des 19. Jahrhunderts wiederholt sich. Misstrauen und Verdächtigungen bleiben das größte Hin-

dernis für die Stabilität in dieser krisengeschüttelten Region, die das Potenzial hat,
weitere Territorien zu destabilisieren.

Pakistan, der Hauptunterstützer der
afghanischen Taliban, wird beschuldigt,
ein Doppelspiel zu betreiben, aber auch
afghanische und westliche Quellen und
sogar die Taliban selbst bestätigen Ge-
heimkontakte zu Iran und Russland.

Seit eineinhalb Jahrzehnten versagt
die sogenannte Internationale Gemein-
schaft im Bemühen, die militärischen, politischen und wirtschaftlichen Probleme
in diesem strategisch wichtigen Wetter-
winkel der Weltpolitik zu lösen. Die vom
Westen scheinbar erfolgreich praktizierte
Shock and Awe-Politik entpuppte sich in
Afghanistan als Fata Morgana.

Seit 2001 machte mich bei jedem
Kabul-Besuch traurig und nachdenklich,
mit ansehen und miterleben zu müssen,
wie der Optimismus der Kabulis einer fa-
talistischen Ernüchterung wich. Ein Besuch bei den Vogelhändlern auf Kabuls
altem Vogelmarkt lässt für wenige Augen-

blicke die endlose Angst vor Anschlägen und Gewalt, Terror, Krieg und Elend vergessen.

»Vergangenen Ramadan war es besonders blutig,« erzählt mein junger Kabuler Begleiter Mohammad Atif, *»aber wir Afghanen sind ein starkes, stolzes Volk. Du kannst eine Nation nicht unter vorgehaltener Waffe aufbauen. Man gewinnt das Vertrauen eines Volkes nicht mit einer Invasion.«*

Am Ka Faroshi-Vogelmarkt, wörtlich übersetzt der Heumarkt, einem jahrhundertealten Ort der Ruhe inmitten politischer Wirren, lebt afghanische Tradition weiter – in einem Land, das Armeen und Truppenverbände vieler Herren Länder siegesbewusst kommen und erfolglos gehen sah.

Kabul, Frühjahr 2017
Wien, Sommer 2017

Ringeltaube – *Columba palumbus*

Khalifa Amir oder
das Glück ist eine Taube

Ka Faroshi.

Ich wollte noch einmal dorthin. Nach Ka Faroshi, auf den Vogelmarkt in Alt Kabul. Ein mir selbst rational nicht erklärbarer Wunsch. Aber ich wollte sie noch einmal hören: die gezwitscherten Kadenzen, die geträllerten Tremolos, die schnurrenden Gesänge in und aus den Vogelkäfigen. Der Reporter in mir wollte dorthin, ein anderer Teil von mir musste. Die sufistische Dichtung des 13. Jahrhunderts drückt diese besondere Sehnsucht aus, die sich aus dem atemlosen Zusammenspiel von Schönheit und Zerstörung entspinnt. Schon der Poet Ibn Arabi, Philosoph der besagten Epoche, weiß um den Glanz der Paläste, die zu Ruinen werden, vom frohgemuten Gezwitscher der Vögel, das mit einem Mal zu traurigem Klagen wird, ist der Schreck des Zusammenbruchs und seine unheimliche Stille überwunden.

gu gruu uu

gu guuu uu

Ich wollte sie noch einmal sehen, die ich während meiner Reisen so oft gefilmt und fotografiert hatte – die Vogelbeobachter, die Vogelfänger, die Vogelhändler von Kabul.

»Ich handle mit 40 oder 50 Tauben seit einem halben Jahrhundert«, erzählt Khalifa Amir, *»das ist mein Hobby, das mich entspannt und beruhigt. Die Tauben, die Sie hier sehen, sind aus den Kabuler Stadtvierteln Shahr-E Now und Qala-e Bakhtiar. Die Leute bringen die Vögel zu mir, denn dieser Markt hat eine jahrhundertealte Geschichte.«*

Diese Geschichte beginnt im 16. Jahrhundert mit den Mogul-Kaisern Babur, Dschahangir und Dschahan Schah. Sie ließen von ihren Hofmalern die gefiederten Gesellen ihrer Vogelhäuser porträtieren. Seit diesen im Morgengrauen der Geschichte versunkenen Zeiten wissen wir von der Passion der Afghanen für die Vogelhaltung, die in Vorderasien eine lange Tradition hat. Persische und indische Miniaturarbeiten zeugen davon.

Ka Faroshi, auch eine Touristenattraktion, sofern sich Touristen in die Hauptstadt Afghanistans wagen, in diesen krisen- und kriegsgeschüttelten Vier-Millionen-Moloch – die genaue Einwohnerzahl weiß niemand –, der nur noch internationale Aufmerksamkeit erweckt durch immer neue Terroranschläge.

Ka Faroshi: 150 Verkaufsstände und tausende Vögel in einer kleinen engen Gasse hinter der Pul-e Khishti-Moschee, eine Welt für sich in einer Welt von Gewalt und Grausamkeit, ein lärmendes Refugium. Ein Zwitschern und Quätschen, ein Piepen und Schnarren, ein Gurren und Schnurren aus hunderten Käfigen. Ornithologen kennen im Unterschied zu mir, einem der Faszination des Vogelgesangs erlegenen Laien, die am häufigsten zum Verkauf angebotenen Vogelarten auf diesem quirligen Fleckchen Kabuls: Graukopfstieglitze (*Carduelis carduelis caniceps*), Kalanderlerchen *(Melanocorypha calandra)*, Rotstirngirlitze *(Serinus pusillus)*, Seidenschwänze *(Bombycilla garrulus)*, Felsenkleiber *(Sitta tephronota)*, Wiedehopfe *(Upopa epops)* und natürlich die Nachtigallen *(Luscinia megarhynchos)*.

Mohammad Atif, mein junger Kabuler Kollege und Mitarbeiter, versucht mir die Namen der beliebtesten Vögel in seinen Muttersprachen Paschto und Dari zu erklären. Zu diesem Zweck hat er eigens für mich ein Miniwörterbuch verfasst.

Englisch	Dari	Paschto
pigeon	Kabootar – کبوتر	Kowtara – کوتره
partridge	Kapk – کبک	Zerk – زرک
quail	Boodanah – بدنه	Marrez – مرز
finch	Sehrah – سهره	Sehrah and Toothkhorah – سایره یا توت خوره
canary	Kanari, of Qanaree – کنری یا قناری	Kanari – کنري

24

Ka Faroshi. Ein Platz zum Lauschen, Hören, Staunen, Philosophieren. Warum singen Vögel? Weil es ihnen gefällt oder weil sie es können? Warum können sie fliegen und wir Menschen nicht? Warum führen Vögel keine Kriege und wir Menschen seit Jahrtausenden?

»Meine Tauben machen mich gelassen«, versichert mir Khalifa Amir, *»mein Hobby, das mir zum Beruf wurde, ist eine Herzenssache, die abfärbt. Keiner spricht schlecht über mich in meinem Wohnviertel Deh Dana.«*

Deh Dana – eine raue Gegend, wie ich vor Jahren während der Dreharbeiten mit meinem Kameramann Akram hautnah miterlebte. Wir wurden von verwahrlosten, jungen Drogensüchtigen mit Messern bedroht. Interviewpartner erzählten uns von Diebstählen in Privathäusern, Überfällen auf Taxifahrer, Raubmorde am helllichten Tag, Entführungen und Erpressungen mit Lösegeldforderungen bis zu 10 000 Dollar.

»Heute ist die Gegend wieder ruhiger«, beschwichtigt Khalifa Amir und zeigt auf

einen auf einem Hügel gelegenen monströsen Ruinenkomplex, den kriegszerstörten Darul-Aman-Palast, das Symbol für die fehlgeschlagenen Versuche, Frieden nach Kabul und Afghanistan zu bringen. Der in den 1920er-Jahren nach westlichem Vorbild vom deutschen Architekten Walter Harten unter König Amanullah gebaute Palast sollte das Wahrzeichen des neuen Afghanistan werden. Gescheitert sind Bauherr und Gebäude. Amanullah Khan wurde 1929 wegen seiner prowestlichen fortschrittlichen Politik gestürzt, der fertiggestellte Palast nie Königsresidenz. Und Amanullahs auf dem Reißbrett entworfene neue Hauptstadt Darul Aman blieb Utopie. Während der Regierung der Mudschaheddin 1992 bis 1996 wurde der Palast von allen afghanischen Kriegsparteien zerstört, mit Bomben und Granaten, mit Maschinengewehren und Minen. Nur die 2001 einmarschierten Amerikaner und ihre Alliierten verschonten das zertrümmerte Bauwerk. Es bot ihnen in den Gefechtshandlungen keinen nutzbaren

Schutz mehr. Tausende Zivilisten waren im Kreuzfeuer der Bruderkriegskämpfe um Darul Aman ums Leben gekommen. Nach dem Sturz der Taliban suchten Flüchtlinge Unterschlupf in den verkohlten Gemäuern. Nomaden campierten in ehemaligen Prunksälen. Regen, Hitze und Schnee hatten die geplünderten Räume und Treppenaufgänge, die Keller und Dachböden aufgeweicht. »Achtung – Einsturzgefahr« lese ich, auch auf Deutsch, auf gesprengten Mauerresten. »Wir schaffen das« steht nur auf Dari und Paschto. Gemeint ist mit diesen Worten der aus afghanischen Spendengeldern finanzierte Wiederaufbau, ein Prestigeprojekt von Präsident Aschraf Ghani. 2019, hundert Jahre nach der Unabhängigkeitserklärung Afghanistans, sollen die 150 Räume in neuer Pracht glänzen. Noch ist das ehrgeizige Unternehmen eine Baustelle.

Ka Faroshi – welch Kontrast. Eine surreale Idylle nahe der ehemaligen Prachtstraße Jade Maiwand mit ihren alten Häusern und zerschossenen Stockwerken, die nur noch leere, gespenstische Kriegsruinen sind. Im Verkehrschaos des täglichen Dauerstaus verstören die erschreckende Armut, bettelnde Kinder, Müllberge, stinkende Abwässer in offenen Kanalrinnen.

Dazu der beißende Gestank von Vogelkot in der sogenannten Vogelstraße in einem Gewirr und Geflecht aus gebleichten Lehmziegelhütten und schäbigen Käfigen.

Kabul, eine Stadt der Taubenzüchter, Taubenenthusiasten und Taubensportler.

Kaftar bazi, das Spiel der Tauben, das Spiel mit ihren präzisen Flugübungen am Himmel von Kabul wurde schon vor Jahrhunderten in Liedern und Gedichten besungen. Der Hofhistoriker des Mogul Akbar (1556–1605) beschreibt das herrschaftliche Hobby:

»Das Vergnügen, welches Seine Majestät beim Betrachten des Sturzfluges der Tauben gewinnt, erinnert einen an die Ekstase enthusiastischer Derwische.«

Ihre plötzlichen Drehungen, ihr scheinbar zielloses Ausschwärmen über Hausdächern, faszinieren auch heute noch. Mit

Pfiffen und Winken lässt Khalifa Amir seine Tauben um sein Wohnhaus fliegen, das ist sein liebster Zeitvertreib. Sein Hobby wurde zum Beruf.

Tauben, Tauben, Tauben vor der Shah-do-Shamshira-Moschee: Kinder füttern sie, Väter machen Selfies, der Platz ist ein beliebtes Ausflugsziel, eine Idylle. Aber zugleich auch ein Ort des Grauens. Hier wurde die 27-jährige Farkundha im März 2015 Opfer eines von Gaffern auf Handys gefilmten Lynchmordes. Sie hatte den Verkauf von Talismanen in der Umgebung der Moschee kritisiert und wurde der Blasphemie beschuldigt, von einem Mob erschlagen, ihre Leiche angezündet und in den Fluss Kabul geworfen. Polizisten schauten zu, schritten aber nicht ein. Entgegen der Tradition wurde ihr Sarg mit den sterblichen Überresten von Frauen zu Grabe getragen, ein Aufschrei gegen ihre Knechtung.

»Wir sind konfrontiert mit Gewalt. Und besonders mit Gewalt gegen Frauen«, sagt Roya Sadaat, eine preisgekrönte Regisseu-

rin und Produzentin, die in ihren Spielfilmen und Dokumentationen Afghanistans unterdrückten Frauen eine Stimme gibt. *»Gewalt gibt es aber auch in vielen anderen Bereichen. Das kann man als Ergebnis eines 40 Jahre langen Krieges verstehen.«*

Kein Wunder, dass eine durch Krieg verrohte und traumatisierte Generation in der scheinbar friedfertigen Welt der Kabuler Vogelstraße Ablenkung sucht und vergessen will.

»Bei mir finden Sie nicht nur Tauben, ich verkaufe auch Wachteln und Rebhühner, Kanarienvögel, Sperlinge und Finken, Eulen und Hühner,« erläutert Khalifa Amir das Angebot dem fremdländischen Besucher, den er für einen potenziellen Käufer hält. Und der es zu Khalifas Enttäuschung nicht ist, sosehr mich auch der Vogelhändler geschäftstüchtig zu überzeugen versucht. Umgerechnet 100 Euro für einen Täuberich scheint mir überteuert, trotz Khalifas Versprechen: *»Tauben bringen Glück, beruhigen das Gemüt, sie lenken mich ab, bringen mich nicht in Versuchung. Ich bin*

kein Spieler. Ich interessiere mich auch nicht für die Frauen meiner Nachbarn.«

Man muss sich Khalifa Amir als beinahe glücklichen Menschen vorstellen.

Rebhuhn – *Perdix perdix*

Noor Agha oder die Freiheit
ist (k)ein Vogelkäfig

Mit seiner Kombizange zwickt er die Drähte zurecht, gelbe, rote, blaue, befestigt sie an gekrümmten Holz- und Metallstäben, umschwirrt vom Girren, Surren, Bickbewicken der Rebhühner, Wachteln und Sperlinge, gerade so, als gälten die 800 Jahre alten Verse des Dichters Dschalāl ad-Dīn ar-Rūmī als Vorlage. Er spricht von den Schlingen und den als Köder ausgelegten Körnern und erkennt im selben Atemzug die Ähnlichkeit der Schicksale von Mensch und Vogel.

»Irgendwie und irgendwo sind wir ja alle wie gefangene Vögel«, philosophiert Noor Agha. *»Seit 40 Jahren mache ich das schon. Gefangene Vögel kaufen und verkaufen und Vogelkäfige bauen. Die Drähte bekomme ich*

aus China und Iran. Aus China werden aber auch schon fertige Käfige importiert, eine große Konkurrenz für mich. Der Käfig, an dem ich jetzt arbeite, ist für Finken bestimmt. Das ist der Wunsch des Auftraggebers.«

Die Vogelkäfige, schon zur Römerzeit und später in Ost und West seit dem 17. Jahrhundert ein Statussymbol, in einer Zeit und Welt ohne Radio, Fernsehen und Internet, ein Kommunikationsgerät und als Transportmittel auch eine tragbare Speisekammer. Für Dichter, Komponisten, Philosophen, Psychoanalytiker und Traumdeuter ein unerschöpflicher Quell der Inspiration.

»Gott liebte die Vögel und erfand die Bäume. Der Mensch liebte die Vögel und erfand die Käfige«, schreibt der französische Dramatiker Jacques Deval.

Noor Agha hat nie von ihm gehört. Und auch nicht von Olivier Messiaen, dem großen Komponisten, Organisten und Ornithologen, den der Gesang der Vögel zu einer charakteristischen Komponente musikalischer Dramaturgie inspirierte:

»Die Vögel sind meine Meister. Für mich sind sie die größten Künstler unseres Planeten, und ich denke, die ersten Menschen haben angefangen zu singen, weil sie die Vögel singen gehört haben. Die anderen Tiere musizieren nicht ... Die Vögel, die singen, sind friedlich. Sie singen, um ihre Weibchen anzulocken, um die auf- oder untergehende Sonne zu begrüßen ... Raubvögel singen nicht. Die Geier, die Falken singen nicht. Sie schreien. Wir leben in einer schrecklichen Zeit – Verbrechen, Terror, Mord überall. Es muss sich eine, wenn auch noch so schwache Stimme erheben, die Friede, Liebe und Hoffnung verkündet.«

Noor Agha hört in seiner gefiederten Welt nur den zarten Klangstaub, der sich in den Drähten der Käfige verliert. Auch an diesem Nachmittag unter einem klarblauen Himmel in der sandfarbenen Stadt Kabul. Zerbombt, zerstört und immer wieder bedroht, wie das ganze Land. 3 498 getötete Zivilisten allein im Jahr 2016, die meisten durch Anschläge ums Leben gekommen. 7 000 afghanische Sicherheitskräfte, das sind 30 Ermordete täglich.

Vogelfrei sind in Afghanistan die Vögel. Unzählige Zugvögel werden jedes Jahr gefangen und getötet, wie der vom Aussterben bedrohte Sibirische Kranich. Tausende Flamingos, Enten und Spatzen, die den heißen Sommertemperaturen Indiens und Pakistans entfliehen und auf ihrem Weiterflug nach Russland auf den Gipfeln des Hindukusch haltmachen, werden hier gefangen und zum Verzehr verkauft. Andere werden außer Landes geschmuggelt. Kanarienvögel und Finken sind in Iran, Pakistan und in den Golfstaaten beliebte Haustiere. Besonders geschätzt in den Golfstaaten ist die Kragentrappe.

Vogeljagd und Vogelhandel sind im krisengeschüttelten Afghanistan eine willkommene Einnahmequelle für im harten Alltag ums Überleben kämpfende Menschen. *»Vogeljagd hat bei uns seit Jahrhunderten Tradition. Von irgendetwas muss ich ja leben«*, meint Noor Agha. Das Wohlergehen der Vögel hat in einem Land, das seit Jahrzehnten nur Krieg kennt, auf der

Prioritätenliste des Überdauerns keinen bevorzugten Stellenwert.

»Das Geschäft war auch schon mal besser«, seufzt Noor Agha,« *ob es einmal wieder besser wird? Das hängt von der politischen Führung ab. Wenn die Politiker sich um die Menschen kümmern, kann es besser werden. Wenn nicht, gibt es keine Hoffnung. Einer meiner Söhne hat einen Universitätsabschluss, der andere studiert noch. Beide sind arbeitslos.«*

Bildung ist Licht. »Wer will schon gerne im Dunkeln sitzen?« lautet ein afghanisches Sprichwort.

Das dunkelste Kabul lernte ich nach dem Sturz der Taliban kennen. Eine geistige und kulturelle Wüste. Nach drei Jahren Bürgerkrieg war die Stadt ein Trümmerfeld, in Ruinen hausten Drogensüchtige, die meisten Bewohner waren arbeitslos, ohne medizinische Hilfe, oft nur in Fetzen gehüllt, Bettlerinnen unter blauen Burkas. Und doch gab es den Hoffnungsschimmer, dass der Mensch auch nach geistiger Nahrung verlangt. Alles, was die Taliban als Teufelswerk mit dem

Tod bedroht hatten, Bildende Kunst, Film, Literatur, Musik und Theater, Schulbesuch für Mädchen, begann erst nach der Vertreibung der bärtigen Gotteskrieger wieder zaghaft zu erblühen.

Eine Ironie der Geschichte: Als ich einen der bis Oktober 2001 mächtigen schwarzen Turbanträger wiedertraf, erzählte er stolz, dass seine Kinder begeistert zur Schule gingen. Abdul Salam Saif, der Ex-Botschafter der Taliban in Islamabad, empfing mich in seinem zweistöckigen Haus im Stadtteil Spin Kalai. Ein kräftiger Mann mit sanfter Stimme, mit buschigem schwarzen Vollbart, mit Intellektuellenbrille, am Arm eine Rolex, eine Wolldecke um die Schultern. Zur Begrüßung schenkte er mir die englischsprachige Ausgabe der Memoiren über sein Leben unter den Taliban. Seit 2005 lebt Saif in Kabul, die ersten Jahre mit finanzieller Unterstützung der Regierung Karzai, die gehofft hatte, ein gemäßigter Talib wie Saif könnte die Hardliner zu Verhandlungen mit der von den Amerikanern installierten Regierung bewegen.

»Darauf habe ich mich nicht eingelassen. Wenn die Afghanen sich verbünden, einander respektieren, die Rechte der anderen anerkennen und die ausländische Einmischung in Afghanistan gestoppt wird, erst dann wird die Zeit des Ausgleichs kommen, und die Menschen werden zueinander finden.«

Seine schlimmste Zeit hat Saif hinter sich, vier Jahre der Hoffnungslosigkeit und Verzweiflung im Gefangenenlager in Guantanamo und Erfahrungen mit amerikanischen Verhörmethoden: *»Sie haben mich gefoltert, tagelang verhört, bei Eiseskälte nackt im Freien stehen lassen.«*

Sicher fühlt er sich auch heute nicht:« *Ich fahre nicht viel im Land herum. Wie Sie wissen, ist die Situation in Kabul und in Afghanistan für Reisen nicht gerade geeignet.«*

Seit dem Abzug der ISAF-Truppen 2014 ist die Lage außer Kontrolle, die Sicherheitslage beunruhigend. Der einst vom Westen hofierte Präsident Hamid Karzai kommentierte schon ein Jahr zuvor in einem BBC-Interview den NATO-Einsatz mit der ernüchternden Bilanz,

dieser hätte viel Leid und keinen Zuge-
winn an Sicherheit gebracht. Was Karzai
nicht sagte: Seine korrupte Regierung war
an dieser Misere mitschuldig. Die Taliban-
Bewegung ist keinesfalls besiegt. Jahr für
Jahr das gleiche Bild: Jedes Frühjahr star-
ten die Taliban neue Offensiven, als ob
vier Jahrzehnte des Tötens nicht schon
genug gewesen wären. Sie operieren lan-
desweit, terrorisieren die Zivilbevölke-
rung und verüben gezielte Anschläge
auf Vertreter der Kabuler Regierung und
internationaler Institutionen. Die Hoffnun-
gen westlicher Militärs, die Taliban wür-
den den Kampf verlieren, waren trüge-
risch. Bei allen Fortschritten sind auch die
Erfolge beim Wiederaufbau begrenzt, Afghanistans staatliche Institutionen sind
schwach, Wahlbetrug des Präsidenten und
der Regierungen schmälern das Vertrauen
in die Legitimität der Führung immer
mehr, die Justiz ist korrupt, Polizei und
Beamtenapparat nicht minder. Ehemalige
Mudschaheddin- und Taliban-Politiker
amnestierten sich selbst. Einer der be-

rüchtigten Warlords, Gulbuddin Hekmatyār, der im Bürgerkrieg der 1990er-Jahre
Kabul täglich mit hunderten Raketen be-
schoss und zahlreicher Kriegsverbrechen
bezichtigt wurde, gilt heute wieder als
salonfähig. Er lebt nach Jahren im Exil in
einem abgesicherten Anwesen und mischt
in der Politik mit.

Für Noor Agha ist Gulbuddin Hekmatyār kein Hoffnungsträger: »*Das unselige
Treiben der Politiker und Militärs hatte einen
äußerst schädlichen Einfluss auf unsere Arbeit und auf unser Geschäft.*«

Für Noor Agha, so scheint es mir, steht
nicht der Mensch im Mittelpunkt des Uni-
versums, ist nicht er die Krone der Schöpfung. Es sind die Vögel.

Sakerfalke – *Falco cherrug*

Besmullah oder
der Krieger ist ein Falke

Er glaubt, 42 Jahre alt zu sein. So ganz genau weiß er es nicht. Besmullah, der Vogelhändler aus der Provinz Badachschan im äußersten Nordosten Afghanistans.

»Wenn ich überhaupt noch etwas verdiene, dann mit Finken und Falken.« Die Provinz Badachschan ist seit alters her für die Falknerei bekannt. Die Beizjagd in den Steppen Mittelasiens war vermutlich schon vor 3500 Jahren eine beliebte Freizeitgestaltung. Von Aristoteles wissen wir, dass Thraker und Inder sie kannten.

»Schon unser Kaiser Babur war ein begeisterter Falkner«, erzählt Besmullah und empfiehlt mir einen Besuch in Baburs Garten.

In den späten 1960er-Jahren war *Bagh-e Babur*, Baburs Garten, mit seinen roten

und weißen Rosen in verwilderten Park-
anlagen ein beliebter Hippie-Treff.

In den frühen 1990er-Jahren war der
Garten Frontlinie, die Bäume wurden ab-
geholzt, Baburs Erinnerungsstätten von
den Mudschaheddin zerstört. Nach dem
Sturz der Taliban 2001 begann der Ismaili-
ten-Führer Aga Khan und sein *Trust for
Culture*, finanziell unterstützt von den Regierungen Deutschlands und der USA,
mit der Restaurierung des Geländes, auf
dem einer der bedeutendsten Herrscher
Asiens begraben liegt: Zahiruddin Babur
Padscha, genannt Babur, ein Usbeke, kein
Paschtune oder Tadschike, ein sunniti-
scher Muslim, der Gründer der indo-isla-
mischen Moguldynastie, ein Bewunderer
der islamischen Mystik des Sufismus. Kabuls ersten Hippie nennen ihn manche.
Ein Freund von Alkohol und Haschisch,
vor 450 Jahren 46-jährig gestorben. Auf
seinem Grabstein steht: »Ein Herrscher,
von dessen Augenbrauen das Licht Gottes
leuchtet, das Rückgrat des Glaubens Zahiruddin Muhammad Babur Padscha. Er

eroberte die Welt und wurde zu ihrem
Licht.«

Babur, »der Löwe«, der mütterlicher-
seits von Dschingis Khan und väterlicher-
seits von Timur Lenk abstammte, wurde
mitunter mit Alexander dem Großen ver-
glichen. 1497 begann er als Vierzehnjähri-
ger mit der Einnahme von Samarkand.
1504 hatte er Kabul erobert und war der
Stadt verfallen. In seiner Gartenanlage
ließ er Granatäpfelbäume pflanzen, Oran-
genhaine anlegen und schwärmte in seinem über tausend Seiten umfassenden
Tagebuch: »*Es ist ein wunderbarer Anblick ...
Im Land von Kabul gibt es heiße und kalte Ge-
genden. An einem Tag kann ein Mann außer-
halb der Stadtgrenzen einen Ort erreichen, wo
nie Schnee fällt ... Unter den Früchten gibt es
Trauben, Granatäpfel, Aprikosen, Äpfel, Quit-
ten, Birnen, Pfirsiche, Pflaumen, Walnüsse ...
und schließlich Kabuls Wein: Er steigt einem
zu Kopf ... Sehr angenehm ist das Klima. Es ist
nicht bekannt, ob es eine andere Stadt auf der
Welt mit solch einem Klima gibt ... Elf oder
zwölf Sprachen werden in Kabul gesprochen –*

Arabisch, Persisch, Türkisch, Moghul, Hindu, Afghanisch, Pashai, Paradsch, Gibri, Birki, und Lamghani ...«

Baburs Grabstätte, oder was man dafür hält, liegt gut sichtbar auf der höchsten Erhebung des Gartens. Über mehrere Terrassen, entlang von Rosenbeeten, schattenspendenden Bäumen und Wassergeplätscher in einem treppenförmig angelegten Kanal, führt der Weg zu seinem Mausoleum. Drei Millionen Menschen haben dieses Paradies der Einkehr im lärmenden Kabul seit der Wiedereröffnung besucht. Hier finden sie Kraft und Ruhe nach all dem Irrsinn der Kriegsjahre. Sie lauschen dem Gigsen, Zwitschern und Zirpen der Haussperlinge, dem Girren der Palmtäubchen, dem Trillern der Schwalben.

Das Leben ist schwer genug.

»Früher habe ich 1000 bis 2000 Afghani pro Tag verdient; das hat gereicht, um meine Kosten zu decken. Aber heute weiß ich nicht einmal, wie ich die Miete für den Stand zahlen soll«, klagt Besmullah. Hunderttausende

haben es noch schwerer. Es sind die Flüchtlinge, die aus Pakistan, Iran und Europa in ihre Heimat zurückkehren müssen, die aus den umkämpften Provinzen Afghanistans in die Slum-Viertel Kabuls Geflohenen. Die Ärmsten der Armen, die Elendsten der Elenden, Kriegsflüchtlinge und deren Kinder, die sich keine Flucht in den Westen leisten konnten.

Tawab Khan machte sich mit seiner Familie aus Maidan Shar auf den Weg nach Kabul auf. *»Wir arbeiten hier als Tagelöhner. Ich auf einer Baustelle. Wir leben in Ruinen, arbeiten für Fremde, schlichten Ziegelsteine oder sammeln Müll. Wir haben hier keine Klinik, keine Schule. Wenn hier jemand krank wird, ist es schwierig, einen Arzt zu finden, und dieser verlangt dann 200 bis 300 Afghani, die wir nicht haben.«* 200 bis 300 Afghani, umgerechnet drei Euro.

In Kabul kennt Tawab Khan niemanden, regelmäßige Arbeit ohne Beziehungen zu finden ist unmöglich. Hier fühlt er sich wie in einem fremden Land. Er ist einer von einer Million Binnenflüchtlingen, die inzwischen aus 31 von 34 Provinzen wegzogen und in der Hauptstadt vermeintliche Sicherheit suchten. Die Unterstützung internationaler Hilfsorganisationen reicht nicht mehr für ein menschenwürdiges Leben – eine Folge auch der Kriegsmüdigkeit internationaler Helfer.

»Ich wurde aus dem Iran abgeschoben. Meine Familie ist noch dort. Im Iran habe ich Opium genommen, um meine Schmerzen in den Beinen zu bekämpfen. Hier in Kabul bin ich abhängig geworden. Diese Krankheit kann jeden treffen. Seit vier Tagen habe ich Blut im Urin. Ich ging zum Arzt, er verlangte Geld. Ich habe kein Geld«, sagt Zaher, einer der Verlorenen unter der Pul-e-Sukhta-Brücke. Zehn Prozent der Bevölkerung Afghanistans sind inzwischen drogensüchtig. Und so mancher hat sich längst aufgegeben, wie Assadulla, ein Zwanzigjähriger, der inmitten von Opiumschwaden und im Fluss treibenden Fäkalien mit seinem Schicksal hadert. *»Wenn ich jetzt noch eine starke Droge nehme, könnte ich noch in dieser Stunde sterben.«*

Gulam Hussein musste Pakistan verlassen, zusammen mit einem Freund. Sie waren dort nicht mehr geduldet.

»Auch wir sind unter dieser Brücke gelandet. Mein Freund starb im Drogenrausch. Ich war nicht mehr imstande, einer Arbeit nachzugehen. Ich war nur noch Haut und Knochen, hatte kein Fleisch mehr am Körper, war ein Skelett.«

Gerettet hat ihn Laila Haidari. Für Hunderte Drogensüchtige Kabuls Mutter Theresa. Mit ihrem Restaurant *Taj Begum*, in dem ehemalige Junkies arbeiten, finanziert sie ihr Drogenrehabilitationszentrum.

»Ich hatte einen drogensüchtigen Bruder namens Hakim. Er war älter als ich. 20 Jahre lang nahm er Drogen. Ich kann sehr lebensnah erzählen, welche Schmerzen die Familie eines Drogensüchtigen durchmacht, wie viele Schmerzen ein Drogensüchtiger erleidet und wie sehr seine Familie und seine Umgebung mit ihm leiden.«

Lailas Engagement für Drogensüchtige und ihr Einsatz für die Menschenrechte ist ein lebensgefährlicher Job. *»In den ver-*

gangenen sechs Jahren wurde ich zweimal körperlich angegriffen. Einmal auf der Straße. Beim zweiten Mal setzte ich mich in ein Auto, von dem ich annahm, dass es ein Taxi war. Das war aber kein Taxi, das waren Personen, die mich verfolgt hatten. Und als ich ein Taxi zu bestellen versuchte, hielten sie mich im Auto fest. Sie wollten mich mit meinem Tschador erwürgen, wenn ich mich richtig erinnere. Sie haben mich dann auf einen belebten Platz geworfen.«

In einem ehemaligen Camp der Amerikaner leitet Doktor Wahidullah Koshan das neue staatliche Drogenzentrum. Drogensüchtige werden ausgebildet zu Mechanikerlehrlingen oder Schneidern, durch Sport fit gemacht für ein neues Leben. Die Patienten sind hier auf kaltem Entzug: »In Afghanistan gibt es keine Behandlung mit Methadon. Wir behandeln nur die Erkrankungen, die während des Drogenkonsums entstehen.«

Ob staatliche- oder Privatinitiative, die Erfolgsquote ist bescheiden; denn das Wiedererstarken der Taliban bringt neue

Rekordernten von Opium, dem Rohstoff, aus dem Heroin gewonnen wird. Der Regierung gelingt es nicht, die Schlafmohnfelder zu vernichten. Hauptlieferant ist nach wie vor die umkämpfte Provinz Helmand im Süden des Landes. Aber auch im Norden des Landes stieg der Anbau in den vergangenen zwei Jahren um das Dreifache.

Opium ist auch eine der Haupteinnahmequellen in der Gebirgsprovinz Badachschan im äußersten Nordosten an der Grenze zu Tadschikistan, China und Pakistan, die einzige afghanische Provinz, die nie von den Taliban erobert wurde. Badachschans Hauptstadt Faizabad war für meinen Kameramann und mich im Herbst 2001 das Tor nach Afghanistan. Am Flughafen begrüßten uns statt Passbeamten und Zöllnern Nomaden. Statt Gepäcksförderbändern erwarteten uns zerschossene Panzer und ausgebrannte Militärjeeps. Faizabad war im Bürgerkrieg jahrelang erbittert umkämpft gewesen, auch die Dürre hatte sichtbare Spuren hinterlassen. Auf der Mauer eines Verwaltungsgebäudes am sogenannten Flughafen versprach die Nordallianz, das vom Westen gestützte Bündnis gegen die Taliban, sich für die Drogenbekämpfung stark zu machen. Reine Propaganda, denn auch die Nordallianz finanzierte sich aus dem Drogenhandel. Mithilfe von Bekannten in der Nordallianz gelang es uns, einen Wagen mit Fahrer zu organisieren, der uns nach Kabul bringen sollte. Es wurde ein Horrortrip über die Fünf- und Sechstausender des Hindukusch. Nach drei Tagen und drei Nächten, über aus Baumstämmen zusammengestückelten Notbrücken, entlang gestrandeter Lastwagen mit internationalen Hilfsgütern, durch reißende Bäche, erreichten wir endlich die Frontlinie zwischen den Taliban und der Nordallianz bei Dschabal-us-Saradsch. 26 Tage, 3 Stunden, 29 Minuten nach dem Terroranschlag des 11. September, am 7. Oktober 2001, um 18.30 Uhr MEZ, sind in Kabul gewaltige Explosionen zu hören. Die Operation *Enduring Freedom* läuft an. Der Afghanistankrieg hatte begonnen – und ist bis heute nicht zu Ende.

»Wenn wir die Lage kontrollieren könnten, könnte es eine Lösung geben, aber wir haben das nicht in unserer Hand. Und solange wir nicht selbst über unser Land entscheiden können, entscheiden andere über uns.« Besmullah, der Vogelhändler aus Badachschan, ist Fatalist. Auf die Frage, auf welcher Seite er gekämpft hat, schweigt der Falkenfreund.

Besuch beim Bulldozer

Die Fahrt von Kabul nach Dschalalabad im Osten des Landes wurde durch einen Zwischenfall getrübt, der uns die Freude an der landschaftlichen Schönheit der Provinz Nangarhar vergällte. Beim Streckenabschnitt Sarobi passierten und filmten wir einen umgekippten, ausgebrannten LKW, unter dessen Vorderrädern noch der verkohlte Körper des Lenkers zu erkennen war.

»Vermutlich ein Opfer der Taliban oder von Banditen, die hier immer wieder Fahrzeuge überfallen«, kommentierte unser Fahrer scheinbar teilnahmslos und setzte auf der frisch asphaltierten Fernstraße entlang steil abfallender Berghänge die Fahrt wortlos fort. Das Ziel unserer Reise war ein Treffen mit dem Provinzgouverneur Gul Agha Schersai, ein bulliger Paschtune, wegen seiner robusten Entscheidungsfreudigkeit der »Bulldozer von Dschalalabad« genannt. Ein ehemaliger Mudschaheddin-Kommandant, der es zum steinreichen Bauunternehmer gebracht hatte. Und dem nicht der beste Ruf vorauseilte, nachdem er als ehemaliger Gouverneur der einst von den Taliban terrorisierten Provinz Kandahar mit brutaler Härte durchgegriffen hatte. Er war ein Mann der Amerikaner und residierte in einem ehemaligen Winterpalast der afghanischen Monarchen. In einem dunkelgetäfelten Empfangssaal verkürzten uns seine Lakaien mit Tee und Kaffee die Wartezeit.

»Die Mullahs sind zu mächtig«, klagte der Gouverneur von Kandahar, »und wenn die Amerikaner abziehen, kehren die Taliban und Al-Kaida zurück.«

»Darf ich Ihnen eine persönliche Frage stellen? Ich habe gehört, Sie haben mit drei Frauen 18 Kinder. Ist das wahr?«

»Nein. 20 mit vier.«

Ich hatte schlecht recherchiert. Später erfuhr ich, dass seine vierte Frau ihn verlassen hatte. Worauf »der Bulldozer« in eine schwere Depression verfiel, was seine Gegner sofort ausnutzten und ihn entmachteten. Heute ist er wieder ein mächtiger Politiker – als Minister für Stammesfragen.

Sperber – *Accipiter nisus*

Mohammad Zahir oder der Friedfertige von Ka Faroshi

52 Jahre ist er alt. Wie lange er seinen Job schon macht, weiß er selber nicht mehr genau. Vielleicht 20 oder 25 Jahre. Krieg war in all dieser Zeit immer gewesen. 1979, als die Rotarmisten das Land überfielen, die Besetzer folterten, mit Elektroschocks malträtierten, Schwangere ermordeten, Jungen in die Sowjetunion verschleppten, um sie zu Spionen auszubilden, und afghanische Widerstandskämpfer wiederum sowjetische Gefangene aus Rache zu Tode quälten. Afghanistan, Schlachtfeld und Friedhof.

Die Taliban brachten neues Chaos ins Chaos, verschlimmerten das tägliche Grauen mit öffentlichen Auspeitschungen und Hinrichtungen. Der Tod war Zaungast im Ghazi-Stadion.

»*Dort sollten Sie hin*,« empfiehlt Mohammad Zahir, »*denn heute werden im Ghazi-Stadion die Leute nicht mehr erschossen und geköpft. Heute können Sie dort wieder ein Buskaschi-Spiel sehen.*«

Buskaschi, das »Ziegenziehen«, ist der Nationalsport der Afghanen. Mir erschien es immer wieder wie ein Sinnbild einer durch Kriegsjahrzehnte geschundenen Gesellschaft: jeder gegen jeden, alle gegen alle.

Buskaschi erinnert entfernt an ein Polo-Spiel, aber es ist Polo mit einem Ziegenkadaver. Die einzige Regel scheint zu sein, dass es keine Regel gibt. Angeblich brachten Dschingis Khans Reiterarmeen das Spiel an den Hindukusch. Die mongolischen Eroberer sollen es im 13. Jahrhundert mit gefesselten Gefangenen gespielt haben; afghanische Rambos im Reitermantel, während der sowjetischen Besatzung mit toten russischen Soldaten. Das Spiel ist simpel und brutal. Einmal wird um den Pfosten am Ende des Stadionplatzes geritten, dann querfeldein in die andere Hälfte, der zerschundene Ziegentorso wird in einen Kreidekreis geworfen. Treffer! Zur Teilnahme an Olympischen Spielen hat es diese Sportart bisher nicht geschafft.

»Buskaschi ist auch mein Lieblingssport, aber ich bin im Grunde ein friedfertiger Mensch. Und so sehe ich auch meine Arbeit hier am Vogelmarkt. Ich sehe sie als Arbeit für den Frieden. Aber leider haben unsere Leute zu wenig Geld. Sie betreten nicht einmal mehr unsere Läden, um nach den Preisen meiner Nachtigallen, Kanarienvögel und Rebhühner zu fragen. Ich verstehe das ja. Die Menschen können keine Vögel kaufen, wenn es für sie selber nicht reicht.«

Auf meine Frage, ob er von seinem Geschäft leben und seine Familie ernähren kann, sagt Mohammad resignierend: *»Ehrlich gesagt, es ist sehr schwierig. Aber wir sind Allah dankbar und beklagen uns nicht. Es könnte ja noch schlimmer kommen. Unsere Politiker arbeiten nicht zusammen, in den Provinzen verlieren sie die Kontrolle. Ausländische Mächte intervenieren, vor allem*

der pakistanische Geheimdienst, und auch der
IS wird immer stärker. Das macht Angst.«

Kabul blutet. Afghanistan ist im Würgegriff hochgerüsteter Staaten, die oft konkurrierende Sonderinteressen am Hindukusch verfolgen – Russland, China, Iran, Indien und Pakistan. China investiert Milliarden Dollar, um seinen Einfluss in Pakistan auszuweiten. Die Regierung in Kabul beschuldigt Pakistan, einen unerklärten Krieg gegen Afghanistan zu führen und den Taliban auf seinem Territorium Schutz zu gewähren. Indien hat eine lange, blutige Geschichte im Konflikt mit Pakistan: Um Islamabad und dessen Unterstützer Peking in Schach zu halten, finanziert Neu-Delhi Entwicklungsprojekte in Afghanistan. Mit indischer Hilfe wurde im vergangenen Sommer ein seit Jahrzehnten durch Kriege unterbrochenes Staudammprojekt verwirklicht. Gemeinsam mit Kabul und Teheran ist der Bau eines iranischen Hafens geplant, der eine neue Handelsroute zwischen Indien, Afghanistan und den Ländern Zentralasiens, die keinen Zugang zum Meer haben, schaffen soll.

In diesem komplexen Kräftespiel der Mächte plant die Trump-Regierung eine Truppenaufstockung von 3 000 bis 5 000 amerikanischen Soldaten, die durch zusätzliche Söldnereinheiten ergänzt werden sollen. Admiral außer Dienst James Stavridis, ehemaliger Oberkommandierender des strategischen NATO-Kommandos Europa, nennt die für ihn ausschlaggebenden Gründe für diese Entscheidung: In den vergangenen zwei Jahren haben die Taliban zunehmend an Einfluss wiedergewonnen und infiltrieren inzwischen 40 Prozent der afghanischen Bevölkerung. Ein militärischer Erfolg, den die 300 000 Mann starke afghanische Armee nicht verhindern kann. Zusätzlich bereitet das Auftauchen des Islamischen Staates zunehmende Sorge: Auch wenn der IS für die Taliban ein Konkurrent wurde, destabilisiert er mit Terroranschlägen gezielt die afghanische Gesellschaft. Außerdem müssten die Taliban an den Verhandlungstisch geholt und die Regierung in Islamabad überzeugt werden, ihren Einfluss geltend zu machen, um dieses Ziel zu erreichen. Schließlich, so Stavridis, müsste der afghanischen Bevölkerung klargemacht werden, dass die Amerikaner nicht gekommen seien, um das Land zu beherrschen.

Offenbar hat das Pentagon aber in all den Jahren selbst nicht beherzigt, was es seinen Soldaten in einem nur für den Dienstgebrauch bestimmten Büchlein zu beherzigen rät. Im Deh Afghan-Viertel auf einer staubigen Straße vor dem Spinzar Hotel, wo Buchhändler ihre *Second Hand*-Ware feilbieten, entdeckte ich, zwischen Koranausgaben, Kafkas *Der Prozess* auf Dari, Hitlers *Mein Kampf* in Paschto, den hellgrün gebundenen, nicht für den Verkauf bestimmten Pentagon-Bestseller *Afghanistan*. Darin las ich unter anderem, dass in Verhandlungen und Gesprächen mit Afghanen auf Fragen nur selten mit Nein zu reagieren sei, auch wenn man mit Nein antworten möchte. Es gelte als unge-

zogen, jemandem einen Fehler vorzu-
werfen. Herablassendes Verhalten sei ein
Affront.

In der kleinen Welt des Mohammad
Zahir hat die Politik der Großen spürbare
Folgen. *»Ich habe Verwandte in Iran, aber sie
können dort ihre Miete nicht mehr zahlen.
Jede Nacht kontaktieren sie meine Familie, um
sie um finanzielle Hilfe zu bitten.«* Auf die
Frage, ob auch er selbst erwägt, mit seiner
Familie auszuwandern, kommt eine
prompte Antwort: *»Nein, sicherlich nicht.
Unser Land braucht die junge Generation
heute hier, um unser Land zu verteidigen.
Aber schauen Sie sich hier auf dem Markt um,
die Situation ist deprimierend. Junge Leute
lungern hier tagelang herum, weil sie keine
Arbeit haben. Wir möchten, dass sie Arbeit
finden. Sie haben zum Teil Schulabschlüsse,
aber wenn sie sich um einen Job bewerben,
werden sie abgewiesen. Nur Leute mit Verbindungen in die Ministerien haben eine Chance.
Und auch das Schulsystem ist eine Katastro-
phe. In der fünften oder sechsten Klasse können Schüler ihren Namen noch nicht schrei-*

ben. *Wer es sich leisten kann, schickt seine Kinder in Privatschulen.*«

Wir sind zu Dreharbeiten in einer öffentlichen Schule, wo es die Kinder trotzdem besser haben, im Nationalen Institut der Musik. 250 Schüler, auch Waisen- und Straßenkinder aus allen ethnischen Gruppen, lernen hier neben dem Pflichtschulprogramm auch auf verschiedensten Instrumenten zu spielen, unter ihnen auch Mädchen, ein Tabu für die Taliban.

»2014 versuchten die Taliban, unsere Kinder zum Schweigen zu bringen, als sich ein Selbstmordattentäter während einer Vorstellung in die Luft sprengte«, erzählt Direktor Ahmad Naser Sarmast. Vier Jahre zuvor hatte er die Schule gegründet. *»Aber trotz dieses Angriffs und dieser Drohung unterstützen die Familien auch weiterhin die musikalische Ausbildung ihrer Kinder. Und der Selbstmordattentäter hat mich zusätzlich motiviert, das Recht unserer afghanischen Kinder auf Musik sicherzustellen.*«

Musik ist für Mohammad Zahir der Gesang seiner Vögel. *»Rad Barad, Rad Ba-*

rad«, ahmt er das Trällern einer seiner Nachtigallen im Käfig nach.

»Für mich sind ihre Rufe eine Lobpreisung der Schöpfung, ein Aufruf zum Frieden.«

Auf diesen Frieden wartet Mohammad Zahir, der Friedfertige, seit Jahrzehnten.

Friedhof der Imperien

An einem Septemberabend 2008, nach einem Anschlag auf einen US-Konvoi, bei
dem zwei Soldaten ums Leben kamen,
saß ich mit meinem Kameramann Akram
Al Yassiri in der Gandamack-Lodge in Kabul. Der Besitzer war ein ehemaliger briti-
scher Soldat und späterer BBC-Kamera-
mann, der, fasziniert von Afghanistan, in
den 1980er-Jahren die Mudschaheddin-
Kämpfer am Hindukusch bei ihrem
Kampf gegen die Sowjettruppen begleite-
te. Sein Lokal benannte er ironisch oder
geschichtsbewusst nach dem Hügel Gandomak, wo Afghanen im Jahr 1842 tausende britische Soldaten auf ihrem Rückzug aus Kabul massakrierten. Sein Lokal
dekorierte er mit Landkarten, Stichen und
Musketen aus dem 19. Jahrhundert. Das

Ambiente erinnerte an ein Gästehaus im britischen Kolonialstil, die Preise waren jenseits der Vorstellungskraft unserer muslimischen afghanischen Freunde. Sie wurden von Bodyguards jedoch schon am Betreten des Lokals gehindert, da in der Gandamack-Lodge der Alkohol in Strömen floss. Die kamerascheuen Gäste waren ein bunter Haufen aus westlichen Generälen im Ruhestand, NATO-Offizieren ohne Uniform, Spionen und Journalisten. Und Söldnern, die ihre Hunderttausend-Dollar-Gagen aus Langeweile in Whisky, Wodka und Champagner ertränkten.

Bei unserem letzten Besuch im Vorjahr war die Gandamack-Lodge geschlossen. Laut offizieller Mitteilung aus Sicherheitsgründen nach zahlreichen Angriffen der Taliban in Kabul. »Die Regierung ist ja nicht fähig, für die Sicherheit der Ausländer zu sorgen«, kommentierte einer meiner Begleiter die Entscheidung des Innenministeriums. »Sie hat kein Interesse daran, dass in den Medien über weitere tote Ausländer berichtet wird.«

Es wird weitere tote Ausländer geben. US-Präsident Trumps Entscheidung, mit einer Aufstockung der amerikanischen Truppen den Vormarsch der Taliban und des IS zu verhindern, wird den afghanischen Albtraum verlängern. Die Taliban sind zwar in der Bevölkerung unbeliebt, dennoch können sie auf drei Vorteile zurückgreifen:

Der afghanischen Armee fehlt die Motivation, entschlossen gegen die Aufständischen vorzugehen. Dem unterbezahlten afghanischen Soldaten ist das Schicksal und Wohlergehen der eigenen Familie wichtiger als ein Kampfeinsatz für die Kabuler Zentralregierung, deren Korruptionsanfälligkeit die Kampfmoral zusätzlich schwächt.

Der zweite Pluspunkt für die Taliban ist nach dem Opiumhandel unfreiwillig der amerikanische Steuerzahler, der Milliarden und Abermilliarden an Waffen und Hilfslieferungen für die afghanische Armee finanziert, von denen nicht wenige den Taliban in die Hände fallen. In der

Praxis funktioniert das auf sehr einfache Art: Korrupte Kommandanten der afghanischen Armee stehlen den für die Armee bestimmten Diesel und verkaufen diesen an die Taliban. Eine bittere Ironie – auf perfide Weise sind auch die Taliban letztlich Nutznießer der US-Hilfe.

Im April 2017 fuhren Taliban-Kämpfer in Uniformen der afghanischen Streitkräfte an einem Armeestützpunkt in der Nähe von Mazar-e Scharif mit Militärfahrzeugen und gefälschten Papieren vor, stürmten die Kaserne und erschossen mit amerikanischen M-16-Sturmgewehren 170 afghanische Soldaten.

Bei allen ihren Gräueltaten versuchen die Taliban dennoch den Eindruck zu erwecken, dass sie in ihrem Herrschaftsbereich effizienter sind als die staatlichen Behörden. Der Westen hat den Fehler gemacht, auf die Warlords zu setzen. Auch wenn uns Westlern manche der rechtsverbindlichen Verhaltenskodizes der ethnischen Gruppen Afghanistans unverständlich bleiben – vor allem der Glaube, auf individuell oder kollektiv empfundene Ehrverletzung gewaltsam reagieren zu müssen – ist es im orientalischen Kontext das Recht und die Pflicht eines Mannes, bei Angriffen auf seine Ehre oder die seines Stammes zu handeln. Andererseits machte ich wiederholt die Erfahrung, dass afghanische Gastfreundschaft nicht nur ein Wort ist. In für mich scheinbar ausweglosen Situationen in all den Kriegsjahren konnte ich immer auf meine afghanischen Freunde zählen.

Während ich diese Zeilen schreibe, kommt die Nachricht, dass vor einer Filiale der Kabuler Bank in der Nähe der US-Botschaft ein Selbstmordattentäter neun Menschen mit in den Tod gerissen hat. Die Spirale der Gewalt dreht sich weiter, der Irrsinn will kein Ende nehmen. Islamistische Taliban-Rebellen drohen immer wieder, Afghanistan werde ein »weiterer Friedhof für diese Supermacht«, sollten die USA ihre Truppen nicht abziehen. Dem Land droht der Zerfall. Daran wird auch die Milliarden Dollar teure

US-Botschaftsfestung mit hunderten Büros und mehr als tausend Mitarbeitern nichts ändern können. Schon das alte Botschaftsgebäude, ein abschreckender Klotz, versteckt hinter hohen Betonmauern, Sandsäcken, Stacheldraht und einem Wachpersonal, das furchteinflößend den Zugang versperrte, als würde es jeden Augenblick einen Angriff erwarten, vermittelte eher Angst vor der Zukunft als Sicherheit für die Gegenwart. Die Straßen strotzten vor Uniformträgern: afghanische Soldaten, die ISAF-Soldaten der internationalen Sicherheitstruppe – Briten, Deutsche, Holländer, Türken –, sie patrouillierten in gepanzerten Fahrzeugen und verursachten immer wieder Verkehrsunfälle, denen meistens Zivilisten zum Opfer fielen. Zu sehen waren auch Männer in Fantasie-Uniformen, blauen, grauen, grünen oder schwarzen. Und niemand wusste genau, wer diese Männer ausgeschickt hatte. Die Regierung Karzai versprach, die privaten Milizen der Warlords zu entwaffnen. Darunter auch die

gefürchteten Milizen des Usbeken-Füh-
rers General Abdul Raschid Dostum und
seines tadschikischen Rivalen Atta Mohammad Noor. Nur eine Woche vor dieser Ankündigung hatte einer von
Dostums Spießgesellen die Frau und
Tochter eines Vertrauten des Konkurren-
ten erschossen. Beide, Dostum und Atta,
waren damals Mitglieder des Karzai-Ka-
binetts. Derselbe Dostum, der 1992 an der
Seite Massouds gekämpft hatte, um Kabul vor dem Kriegsverbrecher Gulbuddin Hekmatyār zu retten und nur zwei
Jahre später mit Gulbuddin gegen Massoud die bereits vernichtete Hauptstadt
weiter zerstörte. Derselbe Karzai, der ver-
sprochen hatte, die Warlords zu entwaffnen, machte Dostum zum Generalstabs-
chef seiner Armee.

Karzai ist als Politiker inzwischen Geschichte. Dostum, nach wie vor Vizepräsi-
dent Afghanistans, wurde aber von seinem alten Rivalen Atta ins türkische Exil
getrieben, nachdem er wegen Entführungen, Folter und Misshandlung und Verge-

waltigung eines politischen Gegners an-
geklagt wurde.

In diesem blutgetränkten Umfeld, wo
Rache mehr gilt als Recht, weiten die Taliban ihre territoriale Herrschaft aus.

Eine zusätzliche Trumpfkarte der Taliban ist die Unterstützung, die sie von Afghanistans Nachbarn Pakistan, Russland
und Iran bekommen, zum Nachteil der
Afghanistan-Strategie des Pentagon. Russland und Iran sind Amerikas Widersacher.
Sie wollen keine ständige amerikanische
Militärpräsenz an ihren Grenzen. Pakistans Führung stört nicht so sehr, dass Afghanistan ein Verbündeter der Vereinig-
ten Staaten ist, sondern ein Alliierter
seines mächtigen Erzrivalen Indien werden könnte.

Es ist unwahrscheinlich, dass Washington die Haltung Moskaus und Tehe-
rans ändern kann, zumal sich Amerikas
Beziehungen zu diesen beiden Staaten
verschlechtern. Und solange die Taliban
Unterstützung von außen bekommen,
werden sie den Krieg nicht beenden wol-

len. *»Ihr im Westen habt Uhren, wir haben Zeit«*, erklärte mir ein Taliban-Führer schon vor Jahren.

Afghanistan durch Intervention zu beherrschen ist seit Jahrhunderten ein aussichtsloses Unterfangen. Imperium nach Imperium, Nation um Nation scheiterten bei der Befriedung des Territoriums, das heute das moderne Afghanistan bildet und gerade deshalb »Friedhof der Imperien« genannt wird. Auch wenn es Großmächten gelang, zu Beginn ihrer Eroberung einige Schlachten zu gewinnen, langfristig konnten sie das Land nie kontrollieren.

Die Briten machten in ihrem Krieg 1839 bis 1842 die Erfahrung, dass es einfacher war, mit den von ihren Stämmen unterstützten lokalen Herrschern Verträge abzuschließen, als einen Anführer zu fördern, der von außen unterstützt wurde. Eine Erfahrung, die bereits die Mogul-Kaiser gemacht hatten. Das heutige Afghanistan lag seit Beginn des 16. Jahrhunderts 200 Jahre lang im Grenzgebiet zwischen den Moguln in Nordindien, den Safawiden in Persien und den Schaibaniden in Mittelasien. Eine geschichtsmächtige Konstellation, die bis heute nachwirkt. Die Safawiden erhoben die Schia Ende des 17. Jahrhunderts zur Staatsreligion und zwangen die sunnitischen Gelehrten, ihren Glauben anzunehmen. Alle drei Imperien praktizierten in der Region des heutigen Afghanistan eine indirekte Herrschaft, setzten in den wenigen urbanen Zentren Statthalter und Besatzungstruppen ein, um die wichtigen Handelswege zu kontrollieren. Die Statthalter übten Druck auf die Anführer der umliegenden Dörfer aus, um Tributzahlungen zu erpressen. Die Stammesführer nutzten die schwache Position der Statthalter zur eigenen Machterweiterung. Diese Politik führte dazu, dass vor allem die paschtunischen Stämme im Grenzgebiet beider Reiche mächtiger wurden, während der Einfluss der Moguln und Safawiden zunehmend schwand.

Afghanistan zu unterwerfen war und ist aus drei Gründen schwierig: Das an der Hauptroute zwischen Iran, Indien und Zentralasien gelegene Land wird von einander sich feindlich gesonnenen Stämmen besiedelt. Wegen der zahlreichen Invasionen führte Gesetzlosigkeit dazu, dass fast jedes Dorf und fast jedes Haus zu einer eigenen Festung wurde. Das Land wird von einigen der höchsten Gebirgen der Welt beherrscht – Hindukusch und Pamir – geologische Hindernisse, die Eroberungsabsichten immer wieder scheitern ließen. Schon eine kurze Rückschau macht die Herausforderungen deutlich.

Vom griechischen Historiker Herodot erfahren wir im fünften Jahrhundert vor Christus erstmals über die Region des heutigen Afghanistan. Herodot beschreibt, wie im sechsten Jahrhundert vor Christus der Gründer der persischen Achämeniden-Dynastie, Kyros der Große, das Perserreich von der Stammregion im südpersischen Fars Richtung Osten ausdehnte. Sein Nachfolger Darius der Große gründete im Osten seines Reiches mehrere Satrapien, also von seinen Statthaltern verwaltete Provinzen. Teile Afghanistans waren vorher Regionen des altindischen Königreichs von Gandhāra, heute das Gebiet des nordwestlichen Pakistan und des östlichen Afghanistan. In der zweiten Hälfte des vierten Jahrhunderts vor Christus stürzte Alexander der Große das Perserreich. 331 vor Christus besiegte er in der Schlacht von Gaugamela Darius III. und zog mit seinem Heer weiter Richtung Osten. In den Jahren 330 bis 328 vor Christus durchquerte er das Gebiet des heutigen Afghanistan, wo er mehrere Städte gründete, unter anderen Alexandria ad Caucasum, das heutige Tscharikar (beziehungsweise Begram) nördlich von Kabul. Bagram, in der Nähe von Tscharikar, ist das heutige Hauptquartier der US-Streitkräfte – und war schon für Alexander den Großen der Hauptstützpunkt seiner Feldzüge Richtung Indien.

»Alexander who?«, fragte uns der US-Presseoffizier, mit dem wir bei unserer Reise im Februar 2012 ins Gespräch kamen. Wir recherchierten damals die Ursa-

chen der Unruhen, die von US-Soldaten initiierte Koranverbrennungen ausgelöst hatten, nach Auffassung gläubiger Muslime eine Todsünde. Der Vorfall sei ein bedauerlicher Irrtum gewesen, versicherte uns der US-Presseoffizier.

Bagram war in den 1950er-Jahren mit sowjetischer Hilfe errichtet worden und während der sowjetischen Besatzungszeit eine der Hauptoperationsbasen der Roten Armee in Afghanistan. Wie wir heute wissen, war die Sowjet-Invasion die folgenschwerste Fehlentscheidung der damaligen Kremlführung.

Es war der im Mai 2017 verstorbene ehemalige Nationale Sicherheitsberater von US-Präsident Jimmy Carter Zbigniew Brzeziński, der in einem Interview mit der französischen Zeitschrift *Le Nouvel Observateur* in offenbar verblendeter Eitelkeit einen schonungslos offenen Einblick in machiavellistische amerikanische Pläne gab, die zur Destabilisierung und letztlich zum Untergang der Sowjetunion beitrugen:

»Der frühere CIA-Direktor Robert Gates schreibt in seinen Memoiren, dass die amerikanischen Geheimdienste den afghanischen Mudschaheddin schon ein halbes Jahr vor der sowjetischen Invasion Hilfe zu leisten begannen. Sie als damaliger Sicherheitsberater waren daran beteiligt, nicht wahr?«

Brzeziński: »*Ja. Die offizielle Version lautet, dass die CIA-Hilfe für die Mudschaheddin im Laufe des Jahres 1980 einsetzte, also nach dem sowjetischen Einmarsch am 24. Dezember 1979. Die Wirklichkeit aber, das wurde bisher geheim gehalten, sah anders aus. Am 3. Juli 1979 hat Präsident Carter die erste Großdirektive unterschrieben, um den Gegnern des pro-sowjetischen Regimes in Kabul still und leise Hilfe zu leisten. Am selben Tag noch habe ich dem Präsidenten geschrieben. Ich habe ihm erklärt, dass diese Hilfe meiner Meinung nach eine sowjetische Militärintervention herbeiführen würde.*«

»Haben Sie selbst die Absicht verfolgt, dass die Sowjets einen Krieg beginnen und nach Mitteln und Wegen gesucht, das zu provozieren?«

»Nicht ganz. Wir haben die Russen nicht gedrängt zu intervenieren, aber wir haben wissentlich die Wahrscheinlichkeit erhöht, dass es dazu kommen würde.«

»Als die Sowjets ihre Intervention mit der Absicht begründeten, dass sie das geheime Engagement der USA in Afghanistan bekämpfen wollten, hat ihnen niemand geglaubt. Dennoch war die Behauptung nicht ganz falsch. Bereuen Sie nichts?«

»Was denn bereuen? Die geheime Operation war eine ausgezeichnete Idee. Das Ergebnis war, dass die Russen in die afghanische Falle gelaufen sind, und Sie verlangen von mir, dass ich das bereue? An dem Tag, an dem die Sowjets offiziell die Grenze überschritten hatten, schrieb ich Präsident Carter: Jetzt haben wir die Gelegenheit, der UDSSR ihren Vietnam-Krieg zu verpassen. Und tatsächlich, fast zehn Jahre lang war Moskau gezwungen, einen Krieg zu führen, der die Möglichkeiten der Regierung bei weitem überstieg. Das wiederum bewirkte eine allgemeine Demoralisierung und schließlich den Zusammenbruch des Sowjetreiches.«

»Und Sie bereuen auch nicht, den islamischen Fundamentalismus unterstützt zu haben, indem Sie künftige Terroristen mit Waffen und Know-how versorgten?«

»Was ist für die Weltgeschichte von größerer Bedeutung? Die Taliban oder der Zusammenbruch des Sowjetreiches? Einige fanatisierte Muslime oder die Befreiung Zentraleuropas und das Ende des Kalten Krieges?«

Die Amerikaner gewannen den Kalten Krieg, aber nicht den Krieg gegen den Terror, der am 7. Oktober 2001 mit Militäroperationen gegen die Taliban und Al-Kaida begonnen hatte. Hunderte CIA-Agenten und Soldaten der *Special Forces* machten Jagd auf Al-Kaida-Führer, um sie zu verhaften oder zu töten. Ein Viertel der Führungskräfte wurde gefasst, nicht aber zunächst Osama bin Laden, der Drahtzieher und Organisator der Anschläge vom 11. September. Wie wir heute wissen, war es bin Laden Anfang 2003 gelungen, nach Pakistan zu flüchten, damals ein enger Verbündeter der USA.

Besonders peinlich für die CIA: bin Laden fand Zuflucht in Abbottabad, einem Zentrum der pakistanischen Armee. Erst zehn Jahre später, am 2. Mai 2011, spürte eine Einheit der *United States Naval Special Warfare Development Group* Osama bin Laden in Abbottabad auf und tötete ihn. Sein Tod ist nicht das Ende von Al-Kaida und der Taliban.

Die afghanischen Taliban, eine Schöpfung des pakistanischen Geheimdienstes ISI, hatten sich geweigert, gemäß der Prinzipien der paschtunischen Gastfreundschaft, bin Laden und seine »afghanischen Araber« auszuliefern. Eine scheinbar törichte Entscheidung oder eine bewusste Fehlkalkulation, die Amerikas Kriegsmaschinerie immer tiefer in den Sumpf zentralasiatischer Machtkämpfe zog. Das Pentagon hat keine Exit-Strategie und der ohnmächtigen UNO bleibt nur die Publikation der Opferbilanzen.

Und wieder einmal versucht diese mit einem neuen Bericht die Weltöffentlichkeit aufzurütteln. Von Januar bis August

2017 sind mehr als 200 000 Menschen vor Gefechten zwischen Taliban und Regierungstruppen aus ihren Heimatorten geflohen. In 30 von 34 Provinzen gibt es Binnenfluchtbewegungen. Bereits 41 Prozent aller registrierten Kriegsvertriebenen kommen aus dem bisher als eher ruhig eingestuften Norden des Landes. Dabei waren schon im Jahr 2016 mehr als 660 000 Afghanen aus ihren Dörfern geflohen. Seit Jahrzehnten verfolgen mich die Elendsbilder: Nomadenfamilien, die mit ihrem letzten Hab und Gut die leeren Straßen entlang Richtung Kabul ziehen.

Warum kommt die internationale Hilfe bei diesen Notleidenden nicht an? Afghanistan erhält so viel Unterstützung, wie die restliche Dritte Welt zusammen. 70 Staaten und internationale Organisationen sowie 10 000 private Hilfsorganisationen unterstützen schon seit 2002 das Land, aus dem seit 2015 der zweitgrößte Flüchtlingsstrom nach Europa kommt.

Die Finanzierungsmodelle des Auslands scheitern an einem inländischen

Grundübel: Durch Korruption und Schutzgelderpressung gelangt nur ein geringer Teil in die Hände tatsächlich Bedürftiger.

Stammesfehden

Stammesstrukturen bestimmen bis heute maßgeblich den Alltag und das Zusammenleben in Afghanistan. Stark vom traditionellen Rechts- und Ehrenkodex paschtunischer Klans beeinflusst, sind die Taliban. Die Paschtunen sind mit 40 Prozent die größte Volksgruppe und leben nach jahrhundertelang gepflegter Tradition, dem *Paschtunwali*. Familienzusammenhalt, Gastfreundschaft, aber auch Blutrache prägen ihre Moral.

Vielfältig wie die Landschaft ist auch die ethnisch-soziale Ordnung der Menschen, die diese Landschaften bewohnen. Mit 27 Prozent sind die Tadschiken die zweitgrößte Gruppe des Landes neben Hazara, Usbeken, Aimaken, Turkmenen, Belutschen und Nuristani.

Kabul ist für viele Afghanen unerreichbar fern, die Regierung in der Hauptstadt ein abstraktes Gebilde und eine fremde Welt. In den Provinzen herrschen regionale und lokale Machthaber. Die Beziehungen zwischen Kabul und den Provinzen werden durch persönliche Loyalitäten, Stammesinteressen und religiöse Gesetze bestimmt. Seit Beginn des 20. Jahrhunderts ist die *Loya Dschirga* (»Große Ratsversammlung«) eine wichtige staatliche Institution zur Konfliktlösung.

Im Dezember 2003 filmten wir einen dieser Versuche, Stammesfehden auf unblutige Art und Weise auszutragen. Unter einem Zelt nahe dem Kabuler Polytechnikum hatten sich 500 Delegierte, darunter 90 Frauen, versammelt. Es war eine chaotische Veranstaltung. Redner zitierten Korantexte und Gedichte auf Paschto und Dari, ein Abgeordneter kritisierte Staatspräsident Karzai als Taugenichts. Ein Abgesandter aus dem Pandschschir-Tal beschimpfte westliche Hilfsorganisationen als Ausbeuter und Diebe. Der Ratsvorsitzende schaffte es nicht, den Redefluss der aufgebrachten Abgeordneten zu stoppen. Erst im Januar 2004 gelang es dieser Loya Dschirga, eine neue Verfassung für Afghanistan zu verabschieden.

Noch immer ist politische Macht öffentlich gezeigte Macht, Sicherheit für die meisten Afghanen nach wie vor ein kostbares Gut. Die ständig wechselnden Koalitionen und Fehden der regionalen Machthaber und Stammesführer sind mitverantwortlich für die landesweite Unsicherheit und Willkür.

Doch auch die heutige Regierung in Kabul setzt im Kampf gegen die Taliban auf die Milizen der Warlords, deren blutige Karriere noch in der Zeit des Widerstands gegen die sowjetischen Besatzungstruppen und im anschließenden Bürgerkrieg begann.

Diese Kriegsfürsten, Abdul Raschid Dostum, Karim Khalili, Ismail Khan und viele andere, sind bis heute Schlüsselfiguren in den afghanischen Machtkämpfen. Für ihre dokumentierten Menschenrechtsverletzungen und Kriegsverbrechen wurden sie nie vor ein Gericht gestellt. Im Gegenteil: Die Amerikaner förderten das sogenannte »Big Tent«-Prinzip. Bei den Ratsversammlungen sollten alle »unter einem Zelt« sitzen, damit die politischen Entscheidungen nicht von außen gesteuert werden können. Mit dem Ergebnis, dass diese unantastbaren dunklen Kräfte das System von innen beeinflussen. Und der fatalen Konsequenz, dass diese brutal-verrohten Milizen ungewollt die Taliban stärken, da das Fehlen einer staatlichen Ordnung verzweifelte Menschen in die Arme der Gotteskrieger treibt.

Nachtigall – *Luscinia megarhynchos*

Hedayatullah Momand oder
das Schicksal ist eine Nachtigall

»Ihr Ausländer denkt immer nur schlecht über Afghanistan, aber wir sind keine Terroristen, auch wenn es bei uns immer wieder Selbstmordanschläge gibt«, sagt Hedayatullah und will mit uns zunächst gar nicht sprechen, *»Sie sehen ja selbst, dass in diesem Land Krieg herrscht, dass es zahllose Probleme gibt, dass die Leute kaum Arbeit haben, dass die Leute arm und verzweifelt sind. Mich tröstet der Gesang der Nachtigallen.«*

Das Trillern, Zwitschern, Gurren und Gackern zwischen windschiefen Verkaufsbuden klingt wie aus einer anderen Welt, wenn wie heute wieder ein Terroranschlag Tagesgespräch in Kabul ist: 31. Mai 2017 – Ziel des Angriffs ist die deutsche Botschaft, vermeintlich gesichert durch hohe Sprengschutzmauern im gut bewachten Diplo-matenviertel. 160 Tote werden gemeldet.

Begonnen hatte die Serie von Selbst-mordanschlägen am 9. September 2001, zwei Tage vor den Al-Kaida-Terroran-schlägen auf New York und Washington. Damals töteten als Kameramänner ver-kleidete Araber in Hodscha Bahauddin, Provinz Tachar, den legendären Führer der Nordallianz Ahmad Schah Massoud, einen vor allem von den Tadschiken be-wunderten Heerführer im Kampf gegen die sowjetischen Besatzer und die Taliban. Massoud war einer der einflussreichsten Mudschaheddinführer, ein facettenreicher Held und Krieger mit allen Widersprü-chen.

Als die Taliban Kabul 1996 eroberten, schlug sich Massoud mit seinen Mud-schaheddinverbänden in den Norden des Landes durch und wurde der militärische Kopf der Nordallianz. Im Pandschschir-Tal wurde ihm ein Mausoleum errichtet. Weiß getüncht, mit einem grünen Kupfer-dach, mit einem Halbmond an der Spitze,

in fast 3 000 Metern Höhe. Eine Wallfahrts-
stätte für seine Anhänger und Bewunderer, für seine Gegner, die ihn für einen
Kriegsverbrecher halten, ein Schandmal.

Mich hat immer interessiert, ob und
wo die Selbstmordattentäter begraben
werden. Auf einem kahlen Berghang im
Südosten Kabuls fand ich einige ihrer
Gräber, schmucklose Erdhügel mit Grab-
steinen ohne Namen. Sieht so das ver-
sprochene Paradies aus?, dachte ich. Das
Ende eines Lebens, verloren zwischen
Geröll und Sand, den der Wind über
die Gräber fegt. Viele der afghanischen
Selbstmordattentäter sind blutjunge Männer, die in Flüchtlingslagern in Pakistan
aufwuchsen und dort in den Koranschu-
len indoktriniert wurden. Dort wurde ihnen auch beigebracht, sie kämen ins Paradies, wenn sie im Dschihad gegen die
Ungläubigen und Besatzer einen helden-
haften Märtyrertod sterben.

*»Wenn du das Leben liebst, sprengst du
dich nicht in die Luft«*, meint Hedayatullah,
»unser Leben liegt in Allahs Hand. Und was

immer geschieht, es ist unser Schicksal.« Die Schicksalsgemeinschaft von Mensch und Vogel hat schon der Dichter Hafis im 14. Jahrhundert erkannt und beschrieben. Das Bemühen der Nachtigall um Schönheit, die wohl den lauschenden Menschen ihr Schicksal ertragen lässt und Momente des Friedens bringt, versiegt letztlich im Strom der Geschichte. Und es bleibt stille Trauer und Besinnung.

Für die Kabulis sind auch die Friedhöfe Orte der Besinnung, Entspannung und Ruhe. Mein Lieblingsfriedhof ist der vor 140 Jahren von den Briten angelegte *British cemetery* im Stadtteil Shahr-E Now, für dessen Pflege heute die britische Botschaft in Kabul aufkommt. Das Gelände war einst ein Kieferwäldchen, das später gefällt und durch Pfirsichbäume ersetzt wurde. Hier schlafen sie den ewigen Schlaf, die Weltenbummler, die es in den 1960er- und 1970er-Jahren auf dem *Hippie trail* nach Kabul verschlagen hatte, wo sie den Drogenrausch nicht überlebten. Deutsche, Franzosen, Briten, Dänen. Gedenktafeln erinnern an die in den Afghanistankriegen des 19. und 20. Jahrhunderts gefallenen britischen Offiziere und Soldaten, an die während der ISAF-Mission 2001 bis 2014 Getöteten.

Abdul Sami arbeitet hier als Friedhofswärter, wie schon sein vor Jahren verstorbener Vater Rahimullah. Ihn fragte ich bei unserem letzten Treffen, ob er Probleme damit habe, der Hüter von Gräbern Ungläubiger zu sein. Seine lakonische Antwort: »*Tot sind wir alle gleich.*«

Totenvögel, wie wir sie in unserem Volksglauben kennen – Amseln, Käuze, Kiebitze – kennt unser Freund Hedayatullah nicht.

»Ich wäre glücklich, wenn ich mit meinen Nachtigallen sprechen und verstehen könnte, welche Botschaft sie für uns haben.«

Auf diese Botschaft warten viele.

Kabuls zerrissenes Herz

»Wir Afghanen haben für das Leben gekämpft, für unsere Familien, für unsere Dörfer, für unser Land. Die Osama-Leute, die Araber, wollten etwas ganz anderes, einen Gottesstaat, und wurden dabei von den Amerikanern unterstützt. Die Amerikaner haben unseren politischen Selbstmord mitfinanziert« – Belal, einer meiner Dolmetscher, ist in Rage geraten. Ich muss ihm recht geben. Viel zu lange haben die USA die im Krieg groß und mächtig gewordenen Warlords unterstützt, durch Bestechung statt durch Überzeugung. Der Versuch, in einem kriegszerstörten Land demokratische Strukturen aufzubauen und wirtschaftliche Perspektiven zu schaffen, ist gescheitert.

»Die NATO hat ja keine Strategie für die Regierungsarbeit und den Wiederaufbau. Ich will nicht unbedingt die Scharia, aber die ist

101

immer noch besser als Gesetzlosigkeit.« Belal sieht die ausländischen Streitkräfte nicht als Befreier und Friedensstifter, sondern als Besatzer. Auch an den NGOs lässt er kein gutes Wort: »*Sie nützen die Lage aus und stehlen Hilfsgelder.*«

Der Kampf um Afghanistan war immer auch ein ideologischer. Bill Casey, CIA-Direktor von 1981 bis 1987, ein frommer Katholik, sah die islamischen Krieger als natürliche Verbündete im Kampf gegen die gottlose Sowjetunion – und finanzierte damit ein Ungeheuer.

Afghanistan, der letzte Schauplatz des Kalten Krieges, ist heute verstrickt in post-sowjetische und neokoloniale chinesische Begehrlichkeiten, eingekeilt zwischen den Islamisierungszielen der Wahhabiten Saudi-Arabiens, dem schiitischen Iran und der sunnitischen Atommacht Pakistan.

Friedhof der Imperien wird Afghanistan auch genannt, weil es alle Eroberungspläne kolonialer Herren abwehren konnte. Im ersten Anglo-Afghanischen Krieg 1839 bis 1842 überlebte von der 20000 Mann starken Invasionsarmee ein einziger. Nach dem zweiten Anglo-Afghanischen Krieg 1878 bis 1880 beschränkte sich Großbritannien auf eine nominelle Oberhoheit, die Stammesgebiete an Indiens Nordwest-Grenze blieben unkontrollierbar.

Vom Mittelalter bis heute ist die von außen gesteuerte Einflussnahme in Afghanistan Teil des *Great Game* zur Kontrolle des Herzstücks Eurasiens. Der afghanische Staat war die längste Zeit ein Schattenstaat mit mehrschichtigen losen Strukturen. Das Zentrum war immer schwach, die Peripherie stark.

Vier Jahrzehnte Krieg – die Erschütterungen, Verstörungen und Zerstörungen sind für die afghanische Seele unermesslich. Die zehn Jahre der sowjetischen Besatzung mit einer Million Toten und fünf Millionen Flüchtlingen waren für die afghanische Bevölkerung katastrophal. Die vergangenen 16 Jahre unter amerikanischer Kontrolle hinterlassen eine schutzlose, verwundbare, erschöpfte und desillusionierte Gesellschaft.

Es bleiben unauslöschliche Bilder in Erinnerung: Am Stadtrand Kabuls vegetieren in Zelten Binnenflüchtlinge, die nicht mehr in ihre Dörfer zurück können, deren Häuser zerstört sind. Sie sind zu arm, um ihre Heimkehr zu finanzieren. Das wenige, das sie vor der Flucht in ihrer Heimat hatten, raubten ihnen die Taliban. Sie haben das Gefühl, von der Welt vergessen worden zu sein, und sie fürchten, dass ihr Land nach einem Rückzug der ungeliebten fremden Truppen unter äußeren und inneren Belastungen zusammenbrechen könnte.

Für die Amerikaner ist, wie es der hochrangige US-Diplomat Thomas Mac-Adams Deford formulierte, der Afghanistan-Krieg ein verlorener Krieg, den zu führen das Land nicht wert war.

Eine kurzsichtige Einschätzung, bedenkt man, dass die Tyrannei des militanten Islams mit seinen afghanischen Wurzeln nicht besiegt, sondern weltweit zum wahren Feind des Westens geworden ist.

Feldlerche – *Alauda arvensis*

Nachwort

»Die USA haben mehr Truppen in Afghanistan als öffentlich zugegeben«, berichtet das *Wall Street Journal* am 22. August 2017. Tatsächlich sind also schon 11 000 US-Soldaten statt wie bisher angegeben 8 400 im Land stationiert. Und Tausende mehr sollen folgen, kündigte US-Präsident Trump vollmundig an: *»Wir werden die Terroristen aus ihren Gebieten vertreiben, werden sie von ihren Geldquellen abschneiden, werden den falschen Glanz ihrer Ideologie bloßlegen, ihre Bewegungsfreiheit einschränken, die Sanktionen verschärfen, ihren Willen brechen und sie besiegen.«* Ein ehrgeiziges Programm. Doch wird es gelingen? Werden ein paar tausend Soldaten mehr zustande bringen, was die hunderttausend nicht schafften, die vor fünf Jahren dort stationiert waren?

Wird die korrupte afghanische Armee jemals eine schlagkräftige Truppe, die den Gesamtstaat stützt, statt im Eigeninteresse zu kämpfen? Kann damit der Dschihad-Terrorismus im Internet-Zeitalter überhaupt besiegt werden?

Eine neue Gefahr droht. Nach Territorialverlusten in Irak und Syrien versucht der IS jetzt verstärkt in Afghanistan zu agieren. IS-Terroristen greifen immer öfter die schiitische Minderheit und die Minderheit der Hazara an. Die Hazara, neun Prozent der Bevölkerung, haben enge Beziehungen zum Iran. Mit brutalen Überfällen wie in der Nordprovinz Sar-i-Pul, wo 50 schiitische Hazara ums Leben kamen, provoziert der IS ein Eingreifen des Iran und Russlands. Auch Anschläge auf die irakische Botschaft in Kabul und die schiitische Moschee in der westafghanischen Stadt Herat mit über 120 Opfern, zu denen sich der IS bekannte, scheinen gezielte Racheaktionen für den Verlust der IS-Metropole Mossul in Irak zu sein. Mit diesen Attacken will der IS Irans Interessen in Afghanistan treffen.

Die hazarische Minderheit und die Stadt Herat wurden vom Iran mit hunderten Millionen US-Dollar unterstützt, unter anderem finanzierte Teheran eine 400 Kilometer lange Autobahn, die Herat mit Irans Ostprovinz Khorasan verbindet. Auftraggeber war die *Khatam-al Anbiya Construction*, der Wirtschaftszweig der iranischen Revolutionsgarden.

Russlands Sorge gilt der 2 000 Kilometer langen Grenze der zentralasiatischen Republiken Tadschikistan, Turkmenistan und Usbekistan mit Afghanistan. Moskau konnte nicht verhindern, dass sich seit dem Eingreifen russischer Soldaten in Syrien tausende IS-Kämpfer in Afghanistan neu gruppieren und auf Rache sinnen. Ein düsteres Zukunftsszenario:

»Gotteskrieger«, schiitische und sunnitische, die sich auf eine höhere Moral berufen und in ihren Augen gottlose westliche Okkupanten bekriegen. Neue Kämpfer, neue Soldaten, neue Opfer im alten Chaos am Hindukusch, fernab der Vogelhändleridylle von Kabul.

»Ich bin mit meiner Frau und meinen fünf Kindern 2015 mithilfe von Schleppern, denen ich Tausende Dollar gezahlt habe, nach Deutschland geflüchtet. Ich war in Dresden. Aber die Sehnsucht nach meinen Vögeln in Kabul war stärker«, erzählt uns Nouri in der Ka Faroshi-Straße. Mehr will er nicht sagen. Die Fragen westlicher Reporter nerven ihn inzwischen.

»Ich war in Berlin und London zu Besuch. Ich könnte dort nie leben«, gibt mir Mohammad, mein 33-jähriger Begleiter durch Kabuls Vogelstraße zu verstehen. Ein junger Kabuli, der an die Zukunft seiner Heimatstadt glaubt. Trotz allem.

Er berichtet mir, dass gleichaltrige Freunde die Facebook-Gruppe »No To Terrorism« gegründet haben, die in der ganzen Stadt Plakate und Flugblätter verteilt. Auch mit Graffiti macht die Gruppe auf Missstände und Fehlentwicklungen aufmerksam.

Es gibt inzwischen Hunderte solcher politischer und künstlerischer Initiativen junger Leute, die einen radikalen Wandel erkämpfen wollen. Mit anderen Mitteln als die Warlords.

Ein zentrales Motiv ihrer bunten Graffiti auf grauen Betonwänden und Schutzmauern ist die Friedenstaube.

Chronologie

22. August 2017: US-Präsident Trump kündigt neue, verschärfte Afghanistan-Strategie an.

31. Mai 2017: Taliban-Anschlag auf die deutsche Botschaft in Kabul mit 150 Toten.

21. November 2016: Selbstmordanschlag auf die Schiiten-Moschee »Baqir-ul-Olum« mit 32 Toten.

11. Dezember 2015: Taliban-Angriff auf die spanische Botschaft in Kabul mit 9 Toten.

16. Dezember 2014: Das Ende der ISAF-Mission in Afghanistan.

21. September 2014: Aschraf Ghani wird zum Präsidenten gewählt.

20. März 2014: Taliban-Selbstmordanschlag auf das Hotel Serena in Kabul mit 13 Toten.

18. September 2010: Parlamentswahlen in Afghanistan.

4. September 2009: Kunduz-Affäre. Der Oberst der deutschen Bundeswehr Georg Klein befiehlt den Beschuss zweier von den Taliban entführten Tanklaster, 142 Menschen kommen ums Leben.

31. Juli 2006: Die NATO übernimmt den Oberbefehl in Süd- und Südostafghanistan.

29. Mai 2006: In Kabul werden mehrere Gebäude internationaler Organisationen niedergebrannt. Die Ursache der gewaltsamen Ausschreitungen war ein von einem US-Soldaten verursachter Verkehrsunfall.

18. September 2005: Parlaments- und Provinzwahlen.

9. Oktober 2004: Hamid Karzai wird zum Präsidenten gewählt.

4. Januar 2004: Neue afghanische Verfassung wird verabschiedet.

11. bis 19. Juni 2002: Eine *Loya Dschirga* (Große Stammesversammlung) bestä-

tigt Karzai als Präsidenten der Übergangsregierung.

22. Dezember 2001: Die Übergangsregierung unter Hamid Karzai nimmt ihre Arbeit auf.

08. Dezember 2001: Die Taliban verlieren Kandahar, ihre letzte bedeutende Hochburg.

27. November bis 5. Dezember 2001: Petersberger Konferenz bei Bonn zur Entwicklung geordneter und demokratischer Verhältnisse in Afghanistan.

12. und 13. November 2001: Die Taliban übergeben Kabul der Nordallianz.

8. November 2001: Die Nordallianz besetzt Masar-e Scharif.

7. Oktober 2001: Beginn der US-geführten Militärintervention in Afghanistan.

11. September 2001: Anschläge auf das World Trade Center in New York und das Pentagon bei Washington mit 3 250 Toten laut Behördenangaben.

10. März 2001: Die Taliban zerstören die Statuen von Bamiyan.

12. August 1998: Die Taliban nehmen Masar-e Scharif ein.

27. September 1996: Die Taliban nehmen Kabul ein. Ihre Gegner vereinigen sich in der Nordallianz.

1992 bis 1996: Bürgerkriegskämpfe legen Kabul in Schutt und Asche.

April 1992: Präsident Nadschibullāh wird durch die Mudschaheddin gestürzt. Die Taliban rufen die »Islamische Republik« aus.

15. Februar 1989: Abzug der sowjetischen Truppen aus Afghanistan.

14. April 1988: Unterzeichnung des Friedensvertrages zwischen Afghanistan, Pakistan, den USA und der Sowjetunion.

4. Mai 1986: Nadschibullāh löst auf Befehl Moskaus Babrak Karmal als Regierungschef ab.

27. Dezember 1979: Präsident Hafizullah Amin wird von sowjetischen Spezialeinheiten ermordet und Babrak Karmal neuer Präsident.

24. Dezember 1979: Sowjetische Intervention in Afghanistan.

10. Oktober 1979: Präsident Nur Muhammad Taraki wird ermordet aufgefunden.

16. September 1979: Nach gewaltsamen Auseinandersetzungen mit Taraki ernennt sich Hafizullah Amin zum neuen Präsidenten.

5. Dezember 1978: Unterzeichnung eines Vertrages über »Freundschaft, gute Nachbarschaft und Zusammenarbeit« zwischen Afghanistan und der Sowjetunion.

27. April 1978: In der April-Revolution stürzt die Demokratische Volkspartei Afghanistans den Präsidenten Mohammed Daoud Khan. Nur Muhammad Taraki wird Präsident und Afghanistan »Demokratische Republik«.

1973 bis 1978: Regierungszeit von Mohammed Daoud Khan.

17. Juli 1973: Mohammed Daoud Khan putscht sich an die Macht und ruft die Republik aus.

2. September 1964: Neue Verfassung Afghanistans mit Ansätzen eines westlichen Parlamentarismus.

1963 bis 1973: Konstitutionelle Monarchie unter Mohammed Zahir Schah.

1953 bis 1963: Mohammed Daoud Khan leitet die Regierungsgeschäfte.

1946 bis 1953: Schah Mahmud Khan wird Ministerpräsident.

1933 bis 1946: Mohammad Haschem Khan übernimmt die Regierungsgeschäfte.

1933 bis 1973: Herrschaft von Mohammed Zahir Schah.

1930 bis 1933: Herrschaft von Nadir Schah.

16. Januar 1929: Habibullah II. stürzt Amanullah Khan.

10. April 1923: Amanullah Khan verkündet eine konstitutionelle Verfassung.

8. August 1919: Ein Vertrag regelt die Unabhängigkeit Afghanistans.

Mai bis August 1919: Dritter Anglo-Afghanischer Krieg.

3. Mai 1919: Amanullah Khans Kriegserklärung an die Briten.

1919 bis 1929: Herrschaft von Amanullah Khan.

1901 bis 1919: Herrschaft von Habibullah I.

12. Januar 1893: Der Durand-Vertrag regelt die Grenze zwischen Afghanistan und Britisch-Indien.

1888 bis 1893: Abdur Rahman Khan führt Krieg gegen die schiitischen Hazara und besiegt sie.

1880 bis 1901: Herrschaft von Abdur Rahman Khan.

26. Mai 1879: Vertrag von Gandomak sichert den Briten eine Botschaft in Kabul.

1878 bis 1880: Zweiter Anglo-Afghanischer Krieg.

6. Januar 1842: Größte Niederlage der britischen Kolonialgeschichte. 4500 britische Soldaten und 12000 Tross-Angehörige werden von afghanischen Kriegern niedergemetzelt.

1838 bis 1842: Erster Anglo-Afghanischer Krieg.

1826 bis 1863: Herrschaft von Dost Mohammad über Kabul.

1793 bis 1826: Interne Machtkämpfe schwächen das Durrani-Reich.

1747 bis 1773: Ahmad Schah aus der paschtunischen Stammeskonföderation der Durrani begründet das Durrani-Reich.

1736 bis 1747: Herrschaft von Nadir Schah über Persien.

1729: Nadir Schah beendet die »Afghanen-Herrschaft« in Persien.

1722: Ende der Safawiden-Herrschaft.

1709: Vertreibung der Safawiden aus Kandahar.

1667 bis 1672: Paschtunen-Stämme unter Führung von Khuschal Khan Khattak rebellieren gegen die Herrschaft der Moguln.

1625: Die Safawiden besetzen Kandahar.

1505: Babur, der Begründer der Mogul-Dynastie, erobert Kabul.

Anfang 16. bis Mitte 18. Jahrhundert: Das heutige Afghanistan ist 250 Jahre lang zwischen den persischen Safawiden, den Moguln in Nordindien und den usbekischen Schaibaniden geteilt.

Literatur

Afghanistan Country Handbook. A Field-Ready Reference Publication. Dezember 2007.

Ackerman, Jennifer: *Die Genies der Lüfte. Die erstaunlichen Talente der Vögel.* Reinbek bei Hamburg 2017.

Babur-Nama transl. by Annet S. Beveridge. Lahore 2002.

Bacevic, Andrew J.: *The Never Ending War in Afghanistan.* New York Times 13.03.2017.

Barfield, Thomas: *Afghanistan. A Cultural and Political History.* Princeton University Press 2010.

Berg, Hans Walter: *Das Erbe der Großmoguln. Völkerschicksale zwischen Hindukusch und Golf von Bengalen.* Hamburg 1988.

Berthold, Peter: *Unsere Vögel. Warum wir sie brauchen und wie wir sie schützen können.* Berlin 2017.

Brechna, Habibo: *Die Geschichte Afghanistans. Das historische Umfeld Afghanistans über 1500 Jahre.* Zürich 2005.

Chiari, Bernhard (Hrsg.): *Afghanistan. Wegweiser zur Geschichte.* Paderborn, München, Wien, Zürich 2007.

Crews, Robert D.: *Afghan Modern. The History of a Global Nation.* London 2015.

Das Wunder von al-Andalus. Die schönsten Gedichte aus dem Maurischen Spanien. München 2005.

Dierschke, Volker: *Welcher Vogel ist das?* Stuttgart 2017.

Dupree, Louis: *Afghanistan.* Princeton University Press 1973.

Ewans, Martin: *Afghanistan. A New History.* Curzon Press 2001.

Gall, Carlotta: *The Wrong Enemy. America in Afghanistan, 2001–2014.* New York 2014.

Giustozzi, Antonio (Hrsg.): *Decoding the New Taliban. Insights from the Afghan Field.* New York 2010.

Kaushik, Roy: *War and Society in Afghanistan. From the Mughals to the Americans, 1500–2013*. Oxford University Press 2015.

Khushhal Khan Khattak: *The Poems of Khushhal Khan Khattak*. Translated by Henry George Raverty. Dodo Press.

Krauss, Peter: *Singt der Vogel, ruft er oder schlägt er? Handwörterbuch der Vogellaute*. Berlin 2017.

Ladurner, Ulrich: *Eine Nacht in Kabul. Unterwegs in eine fremde Vergangenheit*. St. Pölten, Salzburg 2010.

Lohmann, Michael & Roché, Jean C.: *Singvögel. Vorkommen, Lebensweise, Gesang*. München 2012.

Marshall, Tim: *Die Macht der Geographie. Wie sich Weltpolitik anhand von 10 Karten erklären lässt*. DTV-Verlagsgesellschaft 2015.

Messiaen, Olivier: Saint Francois d'Assise. Booklet Orfeo C485982I.

Müller, Ralph: *Die geheime Sprache der Vögel*. München 2010.

Neményi, Géza, von: *Die Sprache der Vögel. Deutung von Angang, Flug und Stimme der Vögel*. Holdenstadt 2014.

Nogge, Gunther & Arghandewal, Ehsan: *Afghanistan zoologisch betrachtet.* Bonn 2012.

Roth, Jürgen & Roth, Thomas: *Kritik der Vögel. Klare Urteile über Kleiber, Adler, Spatz und Specht.* Berlin 2017.

Rothenberg, David: *Warum Vögel singen. Eine musikalische Spurensuche.* Berlin, Heidelberg 2007.

Ruttig, Thomas: *Einiges besser, nichts wirklich gut.* https://thruttig.wordpress.com

Scharf, Kurt (Hrsg.): *Die schönsten Gedichte aus dem klassischen Persien.* Übertragen von Cyrus Atabay. München 1998.

Scheuer, Norbert: *Die Sprache der Vögel.* Frankfurt am Main 2016.

Stavridis, James: *President Trump Should Send More Troops to Afghanistan.* In: Time, 12. Juni 2017.

Stöver, Bernd: *CIA. Geschichte, Organisation, Skandale.* München 2017.

The Wall Street Journal: *U.S. Has More Troops in Afghanistan Than Publicly Disclosed.* 22. August 2017.

Tichy, Herbert: *Afghanistan. Das Tor zu Indien.* Wien 2010.

Vogelsang, Willem: *The Afghans.* Oxford 2008.

Wahab, Shaista & Youngerman, Barry: *A Brief History of Afghanistan.* New York 2007.

War Surgery in Afghanistan and Iraq. A series of cases, 2003–2007. USA, Virginia 2008.

Wutt, Karl: *Afghanistan von innen und außen. Welten des Hindukusch.* Wien 2010.

Zerwinsky, Susan (Hrsg.): *Lessing in Kabul. Deutsche Sprache, Literatur und Germanistik in Afghanistan.* München 2008.

Dank

Mein Dank gilt Mohammad Atif für Recherche und Übersetzungen, Bettina Stimeder für Betreuung, André Pleintinger für Lektorat, Andrea Schneider und der Firma MEDIA DESIGN: RIZNER.AT für Design und Grafik, und Asia – aus unveränderlichen Gründen.